VEREINSRECHT

RA Mag. Dr. Johannes Reisinger

1. Auflage

Stand: Februar 2013

(Personenbezeichnungen gelten iZw für beide Geschlechter)
(Sämtliche §§-Angaben ohne Gesetzesangabe bzw des Zusatzes „leg cit" beziehen sich auf das VerG 2002)

VORWORT

Das vorliegende Skriptum ist aus meinem besonderen Interesse zur Rechtsdisziplin des Vereinsrechts entstanden. Die Rechtsprobleme in Vereinen sind allgegenwärtig und vielschichtig. Das Skriptum verfolgt das primäre Ziel, den Ausbildungsmangel im Vereinsrecht zu verringern. Es richtet sich somit vor allem an Studierende der Sport- und Rechtswissenschaften. Aber auch Juristinnen und Juristen aus der Richterschaft, Anwaltei, Behörden und andere im Vereinsbereich vertretene Interessensorganisationen, Vereinsfunktionäre und andere Personen, die sich mit spezifischen Fragen des Vereinsrechts beschäftigen, erhalten in diesem Werk ein interessantes und fundiertes Basiswissen.

Im Rahmen der Umsetzung des Konzeptes zur Erstellung dieses Werkes war auch ein gewisser „Mut zur Lücke" notwendig. Die Disziplin des Vereinsrechts berührt mittlerweile derart viele Rechtsbereiche, wie Verfassungs-, Verwaltungs-, Arbeits-, Sozialversicherungs-, Privat-, Unternehmens-, Straf-, Steuer- sowie Zivilprozessrecht, sodass mit diesem Werk keinesfalls eine umfassende Darstellung der Materie des nationalen Vereinsrechts geliefert werden kann. Vielmehr wird im Rahmen dieser Arbeit versucht, jene Bereiche des Vereinsrechts, die bis dato einer wissenschaftlichen Bearbeitung in Österreich ferngeblieben sind, einer näheren Untersuchung zu unterziehen. Auch das Verbandsrecht, welches mE als Unterfall des Vereinsrechts eine eigenständige Rechtsdisziplin darstellt, ist Inhalt des gegenständlichen Werks. Den thematischen Schwerpunkt im Rahmen dieser Arbeit bildet das Vereins-/Verbandsrecht im Bereich des Fußballsports. Dies liegt zum einen an der großen Beliebtheit dieses Sports und zum anderen auch an meinem großen rechtlichen Interesse für den Fussballsport. Es werden aber nicht nur österreichische Quellen benützt, sondern auch solche aus Deutschland und der Schweiz. Sämtliche zitierten Entscheidungen der ordentlichen Gerichtsbarkeit sowie Vereins-/Verbandsgerichtsbarkeit haben vereins- bzw verbandsrechtlichen Inhalt. Zudem wurde von mir versucht, die Praxisnähe des Vereins-/Verbandsrechts durch zahlreiche Fallbeispiele für den Leser zu illustrieren. Sämtliche Fallbeispiele, die im Rahmen der einzelnen Abschnitte eingebettet sind, wurden im Rahmen des Abschnitts „Musterlösungen" in einfacher und übersichtlicher Weise einer Lösung zugeführt.

Recht herzlich bedanken möchte ich mich bei Mag. Walther Gatterbauer als zuständigen Programm-Manager für Zivilrecht des LexisNexis Verlag ARD Orac GmbH & Co KG für die professionelle und freundliche Unterstützung im Rahmen der Erstellung dieser Arbeit. Herzlich bedanken möchte ich mich auch bei meinem Vater OSR Dir iR Klaus Reisinger, der mir meine juristische Ausbildung ermöglicht hatte. Meinem Vater, OSR Dir iR Klaus Michael Reisinger, meiner Schwester, Frau Jutta Rudolf, sowie meiner Lebensgefährtin, Frau Doris Elisabeth Jauk, widme ich diese Arbeit.

Für Korrekturanregungen, weiterführende Hinweise und (postive und negative) Reaktionen zu Inhalt, Struktur und Konzept des vorliegenden Skriptums bin ich dankbar. In diesem Fall würde ich Sie bitten, sich unter der E-Mail-Adresse anwalt-reisinger@a1.net an mich zu wenden.

INHALTSVERZEICHNIS

LITERATURÜBERSICHT

I. Gesamtdarstellungen zum Vereinsrecht in Österreich

1. Kommentare

Elhenický, Vereinsrecht (2011)

Fessler/Keller, Vereins- und Versammlungsrecht[2] (2009)

Krejci/Bydlinski/Weber-Schallauer, Vereinsgesetz[2] (2009)

II. Einzeldarstellungen zum Vereinsrecht in Österreich

Berger, Der Verein im Steuerrecht I (2008)

Brändle, Das österreichische Vereinsrecht (1990)

Bric, Vereinsfreiheit (1998)

Ginthör/Maier, Die Vereinsorgane (2011)

Hinteregger (Hrsg), Der Sportverein (2009)

Höhne/Jöchl/Lummerstorfer, Das Recht der Vereine[3] (2009)

Keinert, Mitgliederversammlung des Vereins (2011)

Kossak, Handbuch für Vereinsfunktionäre (2009)

Lachmair, Der Verein als Unternehmensform (2003)

Möstl/Stark (Hrsg), Der Vereinsexperte (2008)

Pro Libris Verlagsgesellschaft mbH, Vereinsgesetz 2002 (2010)

Rechberger/Frauenberger, Der Verein als „Richter", ecolex 1994, 5

Reinweber/Seiser/Wascher, Kleines Handbuch für VEREINE (2010)

Rummel, Privates Vereinsrecht im Konflikt zwischen Autonomie und rechtlicher Kontrolle in FS Strasser, Möglichkeit und Grenzen der Rechtsordnung (1983) 813 (838)

Scherhak/Szirkba, Das österreichische Vereinsrecht (1999)

Schürz, Vereinsgesetznovelle 2011, Zak 2012/7, 4

Siart/Stegmayer, Steuer und Sozialversicherung im Sportverein (2011)

Stanzer, Das Ehrenamt im Sportverein (2003)

III. Gesamtdarstellungen zum Vereinsrecht in Deutschland und der Schweiz

1. Kommentare

Reichert, Vereins- und Verbandsrecht[11] (2007)

Stöber/Otto, Handbuch zum Vereinsrecht[10] (2012)

IV. Einzeldarstellungen zum Vereinsrecht in Deutschland und der Schweiz

Heini/Portmann/Seemann, Grundriss des Vereinsrechts (2009)

Kreißig, Der Sportverein in der Krise und Insolvenz (2004)

Krieger, Vereinsstrafen im deutschen, englischen, französischen und schweizerischen Recht (2003)

Krogmann, Grundrechte im Sport (1998)

Reichert/Boochs, Mustertexte, Satzungen und Erläuterungen zum Vereins- und Verbandsrecht[3] (2008)

Sauter/Schweyer/Waldner, Der eingetragene Verein[19] (2010)

V. Gesamtdarstellungen zum Sportrecht in Österreich

Holzer/Reissner, Einführung in das österreichische Sportrecht (2005)

Reisinger, Sportrecht (2011)

Zeilner, Grundlagen des Sportrechts – Organisation des Sports (2005)

Limberger, Recht im Sport (2011)

VI. Einzeldarstellungen zum Sportrecht in Österreich

Brodil/Mazal/Windisch-Graetz (Hrsg), Der ruhende Ball (2012)

Grundei/Karollus, Berufssportrecht I (2008)

Grundei/Karollus (Hrsg), Berufssportrecht II (2008)

Hinteregger/Reissner (Hrsg), Sport und Haftung (2006)

Karollus/Achatz/Jabornegg (Hrsg), Aktuelle Rechtsfragen des Fußballsports II (2001)

dies, Aktuelle Rechtsfragen des Fußballsports III (2003)

Nummer-Krautgasser/Reissner (Hrsg), Schlichtung und Schiedsgerichtsbarkeit im Sport (2011)

Reissner (Hrsg), Sport als Arbeit (2008)

Sommeregger, Sportschiedsgerichtsbarkeit in Österreich (2009)

Studiengesellschaft für Wirtschaft und Recht (Hrsg), Sport und Recht (2006)

VII. Gesamtdarstellungen zum Sportrecht in Deutschland und der Schweiz

Adolphsen/Nolte/Lehner/Gerlinger (Hrsg), Sportrecht in der Praxis (2012)

Fritzweiler/Pfister/Summerer, Praxishandbuch Sportrecht[2] (2006)

Haas/Haug/Reschke, Handbuch des Sportrechts I (2006)

Nolte, Sport und Recht (2004)

Nolte/Horst (Hrsg), Handbuch Sportrecht (2009)

Petri, Die Dopingsanktion (2004)

Reisinger, Der Regressanspruch eines Sportvereins gegenüber einem störenden Zuschauer – Zugleich eine Besprechung der E des LGZ Wien 34 R 163/10 p, ecolex 01/2013, 22

Scherrer/Ludwig, Sportrecht (2010)

Stopper/Lentze (Hrsg), Handbuch Fußball-Recht (2012)

VIII. Einzeldarstellungen zum Sportrecht in Deutschland und der Schweiz

Buchberger, Die Überprüfbarkeit sportverbandsrechtlicher Entscheidungen durch die ordentliche Gerichtsbarkeit (1999)

ders, Das Verbandsstrafverfahren deutscher Sportverbände – Zur Anwendbarkeit rechtsstaatlicher Verfahrensgrundsätze – 1. Teil bzw 2. Teil, SpuRt 122, 157

Fritzweiler (Hrsg.), Doping – Sanktionen, Beweise, Ansprüche (2000)

Haas/Martens, Sportrecht – Eine Einführung in die Praxis[2] (2011)

Holzhäuser, Die Vereinslizenzierung in den deutschen Profisportligen (2006)

Kauerhof/Nagel/Zebisch (Hrsg), Zuschauer als Störer (2010)

Krieger, Vereinsstrafen im deutschen, englischen, französischen und schweizerischen Recht (2003)

Räker, Grundrechtliche Beziehungen juristischer Personen im Berufssport (2008)

Kronberg, Voraussetzungen und Grenzen der Beindung von Sportverbänden an die Europäischen Grundfreiheiten (2011)

Scherrer (Hrsg), Sportkapitalgesellschaften (1998)

Schulz, Grundrechtskollisionen im Berufssport (2010)

Zinger, Diskriminierungsverbote und Sportautonomie (2002)

ABKÜRZUNGSVERZEICHNIS

ABGB	Allgemeines Bürgerliches Gesetzbuch JGS Nr 1811/946
Abs	Absatz
AG	Aktiengesellschaft; Arbeitgeber
AGB	Allgemeine Geschäftsbedingungen
AN	Arbeitnehmer
Anm	Anmerkung
AnwBl	Österreichisches Anwaltsblatt
ARD	ARD-Betriebsdienst
arg	argumentum
Art	Artikel
ASG	Arbeits- und Sozialgericht
ASKÖ	Arbeitsgemeinschaft für Sport und Körperkultur in Österreich
ASVG	Allgemeines Sozialversicherungsgesetz BGBl 1995/189
ASVÖ	Allgemeiner Sportverband Österreichs
BAO	Bundesabgabenordnung BGBl Nr 1961/194
bekl	beklagte(n)
Bekl	Beklagte(r)
BFV	Burgenländischer Fußballverband
BG	Bezirksgericht
BGB	Bürgerliches Gesetzbuch (deutsch)
BGBl	Bundesgesetzblatt
BGH	Bundesgerichtshof (deutsch)
BGHZ	Entscheidungssammlung des BGH in Zivilsachen
BH	Bezirkshauptmannschaft
Blg	Beilage
BlgNR	Beilagen zu den stenographischen Protokollen des Nationalrates
BL	(Österreichische Fußball-)Bundesliga
BMF	Bundesministerium für Finanzen
BSO	Österreichische Bundes-Sportorganisation
Bsp	Beispiel(e)
bspw	beispielsweise
B-VG	Bundesverfassungsgesetz BGBl Nr 1930/1
bzw	beziehungsweise
ca	circa
CaS	causa sport (schweizerisch)
CAS	Internationaler Sportgerichtshof
ders	derselbe
DFB	Deutscher Fußballbund
DFL	Deutsche Fußball Liga

dh	das heißt
dies	dieselben
DFB	Deutscher Fußball-Bund
DFL	Deutsche Fußball Liga GmbH
DHG	Dienstnehmerhaftpflichtgesetz BGBl Nr 1965/80
DLV	Deutscher Leichtathletik-Verband
DRdA	Das Recht der Arbeit (deutsch)
dt	deutsch, -en, -es
DSG	Datenschutzgesetz BGBl I Nr 1999/165
EB	Erläuternde Bemerkungen
ecolex	Fachzeitschrift für Wirtschaftsrecht
EGZPO	Einführungsgesetz zur Zivilprozeßordnung RGBl 1895/113
EKHG	Eisenbahn- und Kraftfahrzeughaftpflichtgesetz BGBl Nr 1959/48
EMRK	Europäische Menschenrechtskonvention BGBl Nr 1958/210
EV	Einstweilige Verfügung
EvBl	Evidenzblatt der Rechtsmittelentscheidungen in der ÖJZ
EWIV	Europäische wirtschaftliche Interessenvereinigung
f	und der (die, das) folgende
FC	Fußballclub
ff	und die folgenden
FIFA	Fédération Internationale de Football Association (Internationaler Fußballverband)
FinStrG	Finanzstrafgesetz BGBl Nr 1958/129
FIS	Fédération Internationale de Ski
FK	Fußballklub
FS	Festschrift
GAK	Grazer Athletik-Klub
GebG	Gebührengesetz BGBl Nr 1957/267
GesRZ	„Der Gesellschafter" (deutsch)
GES	Zeitschrift für Gesellschafts- und angrenzendes Steuerrecht (vorher GeS)
GewO 1994	Gewerbeordnung BGBl Nr 1994/194
GG	Grundgesetz
GKK	Gebietskrankenkasse
GmbH	Gesellschaft mit beschränkter Haftung
GRURInt	Gewerblicher Rechtsschutz und Urheberrecht, Internationaler Teil
hL	herrschende Lehre
Hrsg	Herausgeber
HS	Handelsrechtliche Entscheidungen
idR	in der Regel
IESG	Insolvenz-Entgeltsicherungsgesetz BGBl Nr 1977/324
IFAB	International Football Association Board

insb	insbesondere
IO	Insolvenzordnung RGBl Nr 1914/337
iR	in Ruhe
iSd	im Sinne der (des)
iVm	in Verbindung mit
iZw	im Zweifel
JAZ GU-Süd	Jugendausbildungszentrum Graz-Umgebung-Süd
JBl	Juristische Blätter
JGS	Justizgesetzsammlung
Jud	Judikatur
KartG 2005	Kartellgesetz BGBl I Nr 2005/61
KBS	Kammer zur Beilegung von Streitigkeiten der FIFA
Kap	Kapitel
KFV	Kärntner Fußballverband
KG	Kommanditgesellschaft
kl	klagende(n)
Kl	Kläger(in)
KSchG	Konsumentenschutzgesetz BGBl Nr 1979/140
leg cit	legis citatae (der zitierten Vorschrift)
LG	Landesgericht; Landgericht (deutsch)
lit	litera (Buchstabe)
lS	letzter Satz
MDR	Monatszeitschrift für Deutsches Recht
mE	meines Erachtens
Mio	Million(en)
MR	Medien und Recht
MuSchG	Musterschutzgesetz BGBl Nr 1990/497
mwN	mit weiterem Nachweis/weiteren Nachweisen
NJW	Neue Juristische Wochenschrift (deutsch)
NJW-RR	Neue Juristische Wochenschrift; Rechtssprechungsreport (deutsch)
NÖFV	Niederösterreichischer Fußballverband
Nr	Nummer
NStZ	Neue Zeitschrift für Strafrecht (deutsch)
Nr	Nummer
Ob	Aktenzeichen des Obersten Gerichtshofes in Zivilsachen
ÖBl	Österreichische Blätter für gewerblichen Rechtsschutz und Urheberrecht
ÖBl-LS	Österreichische Blätter für gewerblichen Rechtsschutz und Urheberrecht-Leitsatzentscheidung
OEHV	Österreichischer Eishockeyverband
ÖFB	Österreichischer Fußballbund
ÖFBL	Österreichische Fußball-Bundesliga

OG	Offene Gesellschaft
OGH	Oberster Gerichtshof
ÖJZ	Österreichische Juristen-Zeitung
OLG	Oberlandesgericht
ÖJZ	Österreichische Juristen-Zeitung
ÖLV	Österreichischer Leichtathletik-Verband
OÖFV	Oberösterreichischer Fußballverband
ÖSV	Österreichischer Skiverband
ÖTV	Österreichischer Tennisverband
PatG	Patentgesetz BGBl Nr 1970/259
Pkt	Punkt
RA	Rechtsanwalt
RdW	Österreichisches Recht der Wirtschaft
RGBl	Reichsgesetzblatt
RIS	Rechtsinformationssystem
RLM	Regionalliga Mitte
RLO	Regionalliga Ost
RLW	Regionalliga West
RPO	Rechtspflegeordnung des ÖFB
Rs	Rechtssache
RS	Rechtssatz
Rsp	Rechtsprechung
RuV	Rechts- und Verfahrensordnung des DFB
Rz	Randzahl, Randziffer
RZ	Österreichische Richterzeitung
SFV	Salzburger Fußballverband
sog	so genannte(-r, -s)
SpaltG	Spaltungsgesetz BGBl Nr 1996/304
SPG	Sicherheitspolizeigesetz
SpuRt	Zeitschrift für Sport und Recht (deutsch)
StA	Staatsanwaltschaft
StFV	Steirischer Fußballverband
StGB	Strafgesetzbuch BGBl 1974/60
StGG	Staatsgrundgesetz RGBl Nr 1867/142
Str	Strittig
stRsp	ständige Rechtsprechung
SV	Sportverein
SZ	Entscheidungen des Österreichischen Obersten Gerichshofes in Zivil- (und Justizverwaltungs-)sachen
TFV	Tiroler Fußballverband
TP	Tarifpost

TSV	Turn- und Sportverein
TUS	Turn- und Sportverein
ua	unter anderem; und andere
UEFA	Union of European Football Associations (Europäischer Fußballverband)
UGB	Unternehmensgesetzbuch dRGBl S 1897/219
UrhG	Urheberrechtsgesetz BGBl Nr 1936/111
uU	unter Umständen
UWG	Gesetz gegen den unlauteren Wettbewerb BGBl Nr 1984/448
uzw	und zwar
va	vor allem, -n
VbVG	Verbandsverantwortlichkeitsgesetz BGBl I 2005/151
VerG 1867	Vereinsgesetz RGBl 1867/134
VerG 1951	Vereinsgesetz BGBl 1951/233
VerG 2002	Vereinsgesetz 2002 BGBl I Nr 2002/66
VersR	Versicherungsrecht
VersRdSch	Die Versicherungsrundschau
VfGH	Verfassungsgerichtshof
VfSlg	Sammlung der Entscheidungen des VfGH
VFV	Vorarlberger Fußballverband
vgl	vergleiche
VStG	Verwaltungsstrafgesetz BGBl Nr 1991/52
VwGH	Verwaltungsgerichtshof
VwSlg	Sammlung der Entscheidungen des VwGH
wbl	Wirtschaftsrechtliche Blätter
WFV	Wiener Fußballverband
www	world wide web
Z	Ziffer; Zahl
Zak	Zivilrecht aktuell
zB	zum Beispiel
ZfRV	Zeitschrift für Rechtsvergleichung, Internationales Privatrecht und Europarecht
ZfVB	Beilage zur Zeitschrift für Verwaltung
ZGB	Schweizerisches Zivilgesetzbuch
ZP	Zusatzprotokoll zur Europäischen Menschenrechtskonvention BGBl 1958/210
ZPO	Zivilprozessordnung RGBl 1895/113
ZRS	Zivilrechtssachen
ZVR	Zentrales Vereinsregister; Zeitschrift für Verkehrsrecht

ERSTER ABSCHNITT
GRUNDLAGEN DES VEREINSRECHTS

A. Einleitung

1. Allgemeines

Der ideelle Verein gilt als die in Österreich am häufigsten gewählte privatrechtliche Form der Assoziation. Von der Organisationsform „Verein" im heutigen Sinne kann erst seit Kurzem, nämlich seit Inkrafttreten des VerG 1867, gesprochen werden. Das VerG 1951 stellte lediglich eine Wiederverlautbarung des VerG 1867 dar. Versteht man den Begriff „Verein" jedoch weiter und fasst man hierunter alle allgemein körperschaftlich organisierten Zusammenschlüsse von Personen zur Erreichung eines gemeinsamen Zwecks zusammen, so reichen die Wurzeln dieser Organisationsform weit zurück in das Altertum. So kannte schon das römische Recht derartige Organisationsformen unter dem Namen „societas", „sodalitates" oder später „corpora". Wesensmerkmal dieser Organisationsformen war, dass ihr Fortbestand von Mitgliederwechseln völlig unabhängig war und dass ihre inneren Angelegenheiten der eigenverantwortlichen Entscheidung ihrer Mitglieder und der Satzung vorbehalten waren. Der Sport als Vereinszweck spielte zu diesem Zeitpunkt allerdings keine Rolle.

In Österreich existieren über 110.000 ideelle Vereine. Diese Vereine bilden in ihrer Gesamtheit eine unverzichtbare Säule unserer Gesellschaft. Ideelle Vereine dienen der Förderung des Sports und der Kultur, der Pflege des Brauchtums, der Geselligkeit sowie der unterschiedlichsten Liebhabereien. Die Anzahl der Vereine ist ständig im Steigen begriffen. Der organisierte Sport findet in Österreich fast ausschließlich in Vereinen statt. Die Ausübung des Sports als Vereinszweck ist jedoch eine vergleichsweise moderne Erscheinung.

Oft sind sich die in Vereinen tätigen Organwalter ihrer Rechte, aber auch ihrer Pflichten und der sich daraus ergebenden Haftungsrisiken überhaupt nicht bewusst. Selbst bei kleinen Vereinen kann diese Unkenntnis jedoch zu höchst unerfreulichen Endergebnissen führen. Größere Anlassfälle des Vereinsrechts können auch spezielle mediale Aufmerksamkeit erregen. Man denke nur an das Strafverfahren vor dem LG für Strafsachen Graz in den Jahren 2011/12 gegen den ehemaligen Präsidenten des SK Sturm Graz (tipp3-BL), Hannes Kartnig, sowie gegen weitere ehemalige Organwalter des SK Sturm Graz.

B. Wesen des Vereinsrechts

Das am 1.7.2002 in Kraft getretene Vereinsgesetz („VerG 2002") enthält sowohl öffentlich-rechtliche Bestimmungen als auch Normierungen privatrechtlicher Natur. Im Rahmen des VerG 2002 existiert jedoch keine genaue systematische Abgrenzung zwischen öffentlich-rechtlichen und privatrechtlichen Bestimmungen. Steuerrechtliche Vorschriften sind nicht im VerG 2002, sondern in den Vereinsrichtlinien 2001 (abrufbar unter http://www.findok.bmf.gv.at/findok) zu finden. Aufgrund der ständig ansteigenden Zahl an Vereinsgründungen wird das Vereinsrecht mE auch für die rechtsberatenden Berufe der Rechtsanwälte, Steuerberater sowie Notare immer interessanter. Dies wird va durch die Tatsache verstärkt, dass die Übernahme von Funktionen in Vereinsorganen mit nicht unerheblichen Haftungsrisiken verbunden ist.

C. Rechtsquellen

Wichtigste Rechtsquelle des Vereinsrechts ist das VerG 2002, welches nach jahrelanger Reformdiskussion das VerG 1951 ablöste. Das VerG 2002 erfuhr seit seinem Inkrafttreten bereits sechs Novellierungen. Mit der letzten Novellierung des VerG 2002 durch BGBl I Nr 137/2011 wurde ua die Haftung von unentgelt-lich handelnden Organwaltern und Rechnungsprüfern gegenüber dem Verein auf grobe Fahrlässigkeit und Vorsatz beschränkt. Vor dieser Novellierung des VerG 2002 sah dieses vor, dass bei der Beurteilung des Sorgfaltsmaßstabs zwar die Unentgeltlichkeit der Tätigkeit zu berücksichtigten ist, in der Praxis kam es jedoch immer wieder zu Unsicherheiten, in welchem Ausmaß die Unentgeltlichkeit des Funktionärs zu berücksichtigen ist. Neben dem VerG 2002 gelangen folgende Gesetze nationalen Rechts im Bereich des Vereinsrechts am häufigsten zur Anwendung: B-VG, VStG, GewO 1994, die einzelnen Veranstaltungsge-setze der Bundesländer, ABGB, ASVG, UGB, KSchG, UWG, UrhG, MuSchG, PatG, SPG, StGB, StPO sowie das Pyrotechnikgesetz.

D. Rechtsprechung zum Vereinsrecht

Die rechtswissenschaftliche Aufarbeitung der Rechtsprechung zum Vereinsrecht hält sich in Österreich im Vergleich zu Deutschland in Grenzen. Das Vereinsrecht ist zwar auch in Österreich allgegenwärtig, jedoch befindet sich die rechtswissenschaftliche Aufarbeitung der Rechtsprechung des Vereinsrechts in Österreich noch in „Kinderschuhen". Zu einer vertieften Analyse des Vereinsrechts ist jedoch die Bearbeitung der Rechtsprechung zum österreichischen Vereinsrecht unumgänglich.

E. Gliederung

Das gegenständliche Skriptum wird hinsichtlich der einzelnen Rechtsbereiche des Vereinsrechts in folgende Bereiche gegliedert: Grundlagen des Vereinsrechts (Erster Abschnitt); Vereine und Verfassungsrecht (Zwei-ter Abschnitt); Vereine und Organisationsrecht (Dritter Abschnitt); Vereine und Schadenersatzrecht (Vierter Abschnitt); Vereine und Insolvenzrecht (Fünfter Abschnitt), Vereine und Strafrecht (Sechster Abschnitt) sowie Vereine und Rechtsschutz (Siebenter Abschnitt).

ZWEITER ABSCHNITT
VEREINE UND VERFASSUNGSRECHT

A. Einleitung

1. Allgemeines

Die Betätigung der Vereine und Verbände ist verfassungsrechtlich durch das Grundrecht der Vereins- und Versammlungsfreiheit (Art 12 StGG) abgesichert. Rechtliches „Herzstück" des Vereins bzw Verbands sind die Statuten bzw die Satzung. Im Rahmen des Vereinsrechts sind jedoch auch andere Grundrechte, die in einem näheren materiellen und funktionellen Zusammenhang zum Vereinsrecht stehen, zu beachten. Dazu zählen das Recht auf freie Meinungsäußerung, die Gedanken-, Gewissens- und Religionsfreiheit, der Schutz des Eigentums, die Freiheit der Erwerbstätigkeit sowie der Gleichheitsgrundsatz.

2. Fallbeispiele

2.1 Beispiel 1 („verbandsgebührenschuldender Verein")

Der Verein X als Mitglied des StFV schuldet dem StFV Verbandsgebühren in der Höhe von EUR 2.000,--. Der Verein wird mit Schreiben des StFV hingewiesen, dass an der ordentlichen Hauptversammlung des StFV gemäß § 8 Abs 2 S 1 Satzungen des StFV nur jene Vereine stimmberechtigt sind, die ihren finanziellen Verpflichtungen gegenüber dem StFV bis spätestens sieben Tage vor der Hauptversammlung zur Gänze nachgekommen sind. Der Verein X befindet sich in Zahlungsschwierigkeiten, sodass er seinen finanziellen Verpflichtungen gegenüber dem StFV nicht nachkommen kann. Mit einem weiteren Schreiben des StFV wird der Verein X in Kenntnis gesetzt, dass es aufgrund eines Vorstandsbeschlusses des StFV bis zur Begleichung sämtlicher Außenstände an Verbandsgebühren nicht möglich ist, bei der Geschäftsstelle des StFV Spieleran- oder -ummeldungen durchzuführen. Dieses Anmeldungsverbot würde laut Auskunft des StFV sowohl für Nachwuchsspieler als auch erwachsene Spieler gelten. Ist dieses Verbot für An- und Ummeldungen von Spielern rechtens?

2.2 Beispiel 2 („verbandsstrafeschuldender Verein")

Mit Beschwerde an den ÖFB bekämpft der Verein Y die Entscheidung des Protestsenats des KFV, mit welcher in Bestätigung der erstinstanzlichen Entscheidung des Straf- und Beglaubigungsausschusses des KFV dem Verein Y wegen Nichtantretens gemäß § 105 Abs 2 ÖFB-RPO sowie nach § 17 Richtlinien zur Durchführung der Meisterschaftsbewerbe im KFV der Ersatz der Schiedsrichterkosten in der Höhe von EUR 70,32 und ein Pauschalbetrag in der Höhe von EUR 1.000,-- für entgangene Einnahmen des gegnerischen und zugleich veranstaltenden Vereins auferlegt worden ist. Im Anschluss daran wird der Verein Y vom KFV nochmals aufgefordert, seinen Verpflichtungen fristgerecht nachzukommen, ansonsten würde wegen Nichtbezahlung eine Anzeige wegen „Nichtbefolgung einer Verbandsanordnung" beim Straf- und Beglaubigungsausschuss des KFV erfolgen. Dadurch, dass sich der Verein Y auch weiterhin weigerte, seinen Zahlungsverpflichtungen nachzukommen, wurde über den Verein Y eine Geldstrafe von EUR 500,-- verhängt. Nunmehr möchte der KFV den Verein Y aus dem KFV ausschließen. Wäre ein derartiger Ausschluss des Vereins Y aus dem KFV überhaupt rechtlich möglich??

2.3 Beispiel 3 („Aufnahme in den StFV beanspruchendes JAZ")

Der Verein JAZ GU-Süd dient der Ausbildung und Förderung von Kindern und Jugendlichen im Fußballsport. Vor seiner Eintragung in das ZVR als eigenständiger Verein war das JAZ GU-Süd Zweigverein des Hauptvereins, nämlich dem SV Gössendorf. Nunmehr möchte sich das JAZ GU-Süd aufgrund von finanziellen Problemen des Hauptvereins von diesem „abspalten". Das JAZ GU-Süd gründet in weiterer Folge somit einen eigenen Verein, welcher im ZVR auch eingetragen wird. Für die neue Saison 2012/2013 ersucht das JAZ GU-Süd um Aufnahme in den StFV, da es nach der „Abspaltung" vom Hauptverein nicht mehr Mitglied des StFV ist.

Die Bestimmung des § 4 Statuten des StFV mit der Überschrift „Aufnahme in den Verband" lautet wie folgt: „*Die Aufnahme eines Vereines in den StFV erfolgt über sein schriftliches Ansuchen und setzt folgende Bedingungen voraus: Vorlage der vereinsbehördlich genehmigten Satzungen, die auf die Gemeinnützigkeit des Vereines hinweisen (lit a); Bekanntgabe des Vereinsvorstandes mit Namen und Anschriften (lit b); Entrichtung der jeweiligen Aufnahmegebühr (lit c); eine vor Auslosung der Meisterschaft kommissionierte und genehmigte Sportanlage, die den Vorschriften des StFV entspricht (lit d); den Nachweis über das Eigentum bzw eines Pacht- oder Mietvertrages dieser Sportanlage, in dem die ausschließliche Benützungsgenehmigung für den Verein für mindestens 10 Jahre festgelegt ist (lit e); Meldung von mindestens drei Mannschaften (wovon eine Kampfmannschaft und mindestens eine Nachwuchsmannschaft sein muss) oder nur eine oder mehrere Nachwuchsmannschaften zu enthalten (lit f); Anmeldung von mindestens 16 Spielern pro gemeldeter Mannschaft, die noch bei keinem der FIFA angehörigen Verein gemeldet sein dürfen (lit g); Neuaufnahme von Verbandsvereinen erfolgt durch den Vorstand des StFV mit Zweidrittelmehrheit. Vereine, deren Aufnahme vom Vorstand des StFV abgelehnt wurde, haben das Recht der Berufung an die nächste Hauptversammlung des StFV. Diese entscheidet über die Aufnahme mit qualifizierter (2/3) Mehrheit (lit h); bei Neuaufnahmen von Verbandsvereinen, die ausschließlich auf den Frauenfußball oder Futsal ausgerichtet sind, hat der Vorstand die Aufnahmebedingungen zu beschließen (lit i).*" Widerspricht die Bestimmung des § 4 lit g leg cit nicht dem Gleichheitsgrundsatz gemäß Art 2 StGG und Art 7 B-VG?

2.4 Beispiel 4 („Traditionsverein ohne Lizenz")

Dem LASK Linz, damals Profifußballklub der „Heute für Morgen" Ersten Liga, wurde für die Spielsaison 2012/13 die Spiellizenz sowohl von der ersten Instanz, nämlich dem Senat 5 der ÖFBL, als auch von der zweiten Instanz, dem Protestkomitee der ÖFBL, verweigert. Damit galt der verbandsinterne Instanzenzug der ÖFBL als erschöpft (§ 25 Abs 1 Satzungen der ÖFBL). Daraufhin brachte der LASK Linz beim Ständigen Neutralen Schiedsgericht der ÖFBL als dritte Instanz eine Klage auf Erteilung der Spiellizenz ein (§ 25 Abs 2 S 1 leg cit). Auch diese Schiedsklage wurde schließlich abgewiesen. Die Abweisung der Klage des LASK Linz wurde vom Ständigen Neutralen Schiedsgericht ua damit begründet, dass aus den vom Abschlussprüfer des Vereins übermittelten Unterlagen das Prüfungsergebnis nicht ausreichend ableitbar gewesen sei. Der Präsident des LASK Linz, Peter-Michael Reichel, betrachtet den Lizenzentzug als Akt der Willkür, um den LASK Linz aus der „Heute für Morgen" Ersten Liga „loszuwerden". Durch die Nichterteilung einer Spiellizenz seitens der ÖFBL für die Saison 2012/13 muss der LASK Linz den Gang in den Fußballamateurbereich antreten. In der Saison 2012/13 spielt der LASK Linz in der RLM. Der LASK Linz beabsichtigt nun, die ÖFBL schadenersatzrechtlich in Anspruch zu nehmen. Könnten durch diese Entscheidung der Versagung der Lizenz an den LASK Linz durch die verbandsinternen Instanzen sowie des Ständigen Neutralen Schiedsgerichts der ÖFBL auch Grundrechtspositionen des LASK Linz verletzt worden sein?

2.5 Beispiel 5 („Sitzwechsel eines Vereins")

Der FC Lustenau, ein Verein der „Heute für Morgen" Ersten Liga der ÖFBL, beabsichtigte im Juni 2010 seinen Sitz sowie den Spielort von Lustenau in das Bundesland Salzburg zu verlegen. Dieser Sitzwechsel sowie die Spielortverlegung wurde vom FC Lustenau aus dem Grunde beantragt, als nach Meinung des Vereins, zwei Profivereine – neben dem FC Lustenau ist nämlich auch noch die Austria Lustenau Teilnehmer der „Heute für Morgen" Ersten Liga – auf Dauer weder sportlich noch wirtschaftlich „tragbar" seien. In seinem Antrag an die ÖFBL führte der FC Lustenau weiters aus, dass dieser über kein eigenes bundesligataugliches Stadion verfüge und der Sitzverlegung in das Bundesland Salzburg ein nachhaltiges sportliches und wirtschaftliches Konzept zugrunde liegen würde, welches insgesamt zu einer Stärkung der „Heute für Morgen" Ersten Liga der ÖFBL und zur Förderung von Nachwuchstalenten im österreichischen Profifußball führen würde. Ist es überhaupt möglich, dass Bestimmungen des Lizenzierungshandbuchs des ÖFBL die Möglichkeit der Sitzverlegung eines Vereins beschränken?

2.6 Beispiel 6 („übertalentierter Jugendfußballspieler")

Der 12-jährige Nachwuchsfußballspieler W besitzt großes fußballerisches Können, sodass er nach Aussagen seiner Trainer bereits das Zeug hätte, in einer U-15 Mannschaft zu spielen. In der U-12 Meisterschaft wird der Spieler W aufgrund seines Talentes nicht voll gefordert und es besteht somit die Gefahr, dass der Spieler W überhaupt den Spaß am Fußball verliert. Gemäß § 22 Abs 1 Vorschriften für den Nachwuchsspielbetrieb des StFV zählen folgende Spielklassen zum Kinderfußball: U-12, U-11, U-10, U-9, U-8 sowie U-7. § 23 Abs 2 leg cit regelt, dass im Kinderfußball ein Spieler nur in seiner und in den beiden nächsthöheren Spielklassen eingesetzt werden darf. Ist es dem übertalentierten Spieler W somit nicht möglich, an der Meisterschaft eines U-15-Bewerbes teilzunehmen?

2.7 Beispiel 7 („verhängte Dopingsperre")

Nachdem dem österreichischen Leichtathleten L die erstmalige Einnahme von Doping nachgewiesen worden ist, wird dieser aufgrund zwingender nationaler Satzungsstatuten des ÖLV von diesem für vier Jahre gesperrt. Zusätzlich wird der Leichtathlet L auch von einem nationalen Strafgericht wegen der Verwirklichung des Straftatbestands des § 147 Abs 1a StGB mit einer Freiheitsstrafe bestraft. Ist die Rechtsauffassung des Leichtathleten L, dass die Statuten des ÖLV und die Verhängung der Sperre gegen Grundrechte verstoßen würden, zutreffend? Ist es überhaupt möglich, dass der Leichtathlet L sowohl von einem Sportgericht als auch von einem ordentlichen Gericht bestraft wird; verstößt dies nicht gegen den Grundsatz der Doppelbestrafung („ne bis in idem")?

2.8 Beispiel 8 („Freigabe verweigernder Fußballverein")

Nach den Transferbestimmungen im österreichischen Amateurfußball ist der Vereinswechsel des Spielers davon abhängig, dass der aufnehmende Verein eine Transferentschädigung bzw Ausbildungs- und Förderungsentschädigung an den abgebenden Verein bezahlt (vgl §§ 9 f ÖFB-Regulativ für die dem ÖFB angehörigen Vereine und Spieler). Begründet wird dieses Transfersystem ua mit der Bewahrung des wirtschaftlichen und sportlichen Gleichgewichts im Sport sowie der Nachwuchsförderung. Dem Spieler S wird die Erteilung der Freigabe durch seinen Stammverein V grundlos verweigert, sodass sich der Spieler

S entschließt, sich abzumelden (vgl § 11 leg cit). Aufgrund der Abmeldung hat der Spieler S eine längere „Stehzeit" in Kauf zu nehmen. Der Spieler S meint, durch diese „Stehzeit" in verfassungsrechtlich gewährleisteten Rechten verletzt zu sein. Ist der Spieler S im Recht?

2.9 Beispiel 9 („bestrafter Profitennisspieler")

Der Profitennisspieler T wird durch den Disziplinarreferenten des ÖTV wegen sportwidrigen Verhaltens für vier Jahre von der Teilnahme an nationalen Wettkämpfen, als deren Veranstalter der ÖTV gilt, gesperrt. In diesem Zusammenhang wurde vom Disziplinarreferenten festgestellt, dass die Ergebnisse der bisherigen Vorerhebungen (Berichte, Anzeigen) nicht ausreichen, um über die Verbandsstrafe gegenüber dem Profitennisspieler T endgültig zu entscheiden. Im Rahmen des weiteren Disziplinarverfahrens wurde der Tennisspieler T zu keinem Zeitpunkt zur Sache einvernommen. Wäre eine mündliche Anhörung vom Disziplinarreferenten des ÖTV nicht verbindlich durchzuführen gewesen? In welchem Verfahrensrecht wurde der Tennisspieler T durch die Vorgangsweise des ÖTV verletzt? Wie könnte dieser Verfahrensfehler des ÖTV seitens des Profitennisspielers T im Rahmen des weiteren Verfahrens releviert werden?

2.10 Beispiel 10 („diskriminierender Fußballspieler")

Bei einem Fußballfreundschaftsspiel wurde der Spieler A wegen rassistischer Beleidigung des Spielers B mit einer Roten Karte ausgeschlossen. Nach einem Foul des Spielers B am Spieler A äußerte sich der Spieler A gegenüber dem Spieler B wie folgt: *„Neger, geh Bananen fressen"*. Der Strafausschuss S des OÖFV verhängte über den Spieler A gemäß § 112 Abs 1 S 1 und 2 ÖFB-RPO eine Spielsperre von 5 Pflichtspielen und eine Geldstrafe von EUR 1.000,--. Im Rahmen der mündlichen Verhandlung vor dem Strafausschuss S gab der Spieler A zu Protokoll, dass er vor dieser diskriminierenden Äußerung seinerseits von Spieler B provoziert worden sei. Zu diesem Zweck wurden von Spieler A auch weitere Zeugen angeführt, welche die Provokationen des Spielers A durch den Spieler B gehört haben sollen. Der Vorsitzende des Strafausschusses S des OÖFV führte im Rahmen der mündlichen Verhandlung jedoch aus, dass ihn diese weiteren – vom Spieler A beantragten – Zeugen nicht interessieren würden, da sie im Rahmen der Einvernahme nicht die Wahrheit sagen würden. Ist diese Vorgangsweise des Vorsitzenden des Strafausschusses S des OÖFV zulässig? Verfügt der Spieler A über eine Möglichkeit, sich gegen die über ihn verhängten Verbandsstrafen seitens des OÖFV zu wehren?

B. Kompetenzgrundlagen

Die österreichische Verfassung enthält mehrere Kompetenztatbestände, die den Bundesgesetzgeber zur Regelung des Vereinsrechts ermächtigen. Gemäß Art 10 Abs 1 Z 7 B-VG ist das dem Tatbestand *„Aufrechterhaltung der öffentlichen Ruhe, Ordnung und Sicherheit"* nachgereihte Vereins- und Versammlungsrecht in Gesetzgebung und Vollziehung Bundessache. Die allgemeine kompetenzrechtliche Grundlage für die gesetzliche Regelung der Vereine findet sich in Art 10 Abs 1 Z 6 leg cit. Unter diesen Kompetenztatbestand fällt ua das Zivilrechtswesen einschließlich des wirtschaftlichen Assoziationswesens. Das VerG 2002 beruht in kompetenzrechtlicher Sicht somit auf Art 10 Abs 1 Z 6 B-VG, Art 10 Abs 1 Z 7 leg cit sowie auf § 2 DSG 2000 („Angelegenheiten *des Schutzes personenbezogener Daten im automationsunterstützten Datenverkehr"*).

C. Rechtsform des Vereins/Verbands

1. Verein

Im Vergleich zum VerG 1951 enthält das VerG 2002 nunmehr eine Legaldefinition. Unter einem Verein iSd § 1 Abs 1 S 1 ist ein freiwilliger, auf Dauer angelegter, aufgrund von Statuten organisierter Zusammenschluss mind zweier Personen zur Verfolgung eines bestimmten, gemeinsamen, ideellen Zwecks zu verstehen. Nach § 1 Abs 2 darf der Verein selbst nicht auf die Erwirtschaftung von Gewinn ausgerichtet sein, dh der ideelle Zweck eines Vereins muss somit im Vordergrund stehen. Vereine sind juristische Personen des privaten Rechts. Dem Charakter einer juristischen Person entsprechend, ist das Vermögen des Vereins von demjenigen seiner Mitglieder strikt getrennt. Das Vereinsvermögen ist dem Verein zugeordnet, sodass die Mitglieder auch über keinen Anteil am Vereinsvermögen verfügen (vgl OGH 20.1.2004, 4 Ob 239/03f).

1.1 Exkurs: Vereine im österreichischen Profifußball

Die österreichischen Profifußballvereine weisen traditionell die Rechtsform eines ideellen Vereines auf. Dies gilt selbstverständlich auch für manche Amateurfußballklubs. So unterhalten viele Klubs der dritten Fußballleistungsstufe in Österreich, also RLM, RLO, RLW, einen Profibetrieb mit erheblichem Budget. Bereits seit einiger Zeit wurden jedoch Stimmen laut, dass die Rechtsform des Idealvereines für Profisportvereine mit hoher Beteiligung am Wirtschaftsleben keine adäquate Rechtsform mehr darstellen würde. Diesem Trend ist die ÖFBL auch gefolgt, indem sie am 7.12.1999 die Bestimmung des § 3 Abs 2 Satzungen der ÖFBL änderte wie folgt: *„Ordentliche Mitglieder sind alle in den Bewerben der Bundesliga tätigen Fußballklubs, in welcher Rechtsform sie auch immer auftreten. Die Zugehörigkeit ergibt sich aus den vom ÖFB und der Bundesliga gemeinsam festgelegten Bestimmungen über den Auf- und Abstieg der ordentlichen Mitglieder.“* Nunmehr ist in § 5 Abs 2 S 2 leg cit jedoch festgeschrieben, dass die ordentlichen Mitglieder der ÖFBL gemeinnützige Vereine iSd VerG 2002 sein müssen. Korrespondierend dazu ist in Pkt 4.3.2.1 Lizenzierungshandbuch der ÖFBL geregelt, dass die Lizenz nur an eine einzelne Rechtsperson in der Rechtsform eines gemeinnützigen Vereines als Lizenznehmer erteilt werden darf. Die Gründe für derartige Regelungen, wonach nur gemeinnützige Vereine als Mitglieder der ÖFBL auftreten und Lizenznehmer ebenfalls nur gemeinnützige Vereine sein dürfen, sind nicht nachvollziehbar und entsprechen mE auch keineswegs dem Trend im internationalen Fußball.

In diesem Zusammenhang ist insbesondere auf die mE sehr fortschrittliche Rechtslage im deutschen Fußball hinzuweisen. Bereits auf dem 36. Bundestag des DFB am 24.10.1998 wurde vom DFB die verbandsrechtliche Grundlage geschaffen, dass auch Kapitalgesellschaften eine Lizenz für die Teilnahme am Spielbetrieb und damit die Mitgliedschaft im DFB erwerben können (§ 16c Satzung des DFB). Vor diesem Zeitpunkt galt die Regel, dass nur eingetragene Vereine eine Mannschaft für den offiziellen Fußballspielbetrieb anmelden dürfen. Hintergrund und Anlass für die im Jahre 1998 vom DFB beschlossene Reform, wonach auch die verbandsrechtliche Grundlage für eine Ausgliederung der Lizenzspielerabteilungen auf eigenständige Kapitalgesellschaften geschaffen wurde, waren die bereits angesprochenen Grundsatzüberlegungen, ob nicht schon alleine aus haftungs- und steuerrechtlichen Gründen und in Anbetracht der ständig steigenden Umsätze im Profifußball der gemeinnützige Verein als optimale Rechtsform für Profifußballvereine ausscheidet.

2. Verband

Gemäß § 1 Abs 5 S 1 versteht man unter einem Verband einen *„Verein, in dem sich in der Regel Vereine zur Verfolgung gemeinsamer Interessen zusammenschließen.“* In der Umgangs- und Gesetzessprache haben die Wörter allerdings eine unterschiedliche Bedeutung. So wird umgangssprachlich sehr häufig von der „Macht der Verbände" gesprochen. Die Kernfunktion des Verbandszusammenschlusses, va von sog Vereinsverbänden, ist es, die gemeinsamen Interessen der unmittelbaren und mittelbaren Mitglieder in beruflicher, wirtschaftlicher, sozialer, kultureller, wissenschaftlich/technischer Hinsicht zu fördern. Das ermöglicht die gegebene „Verbandsmacht". Die Verbände erfüllen den gesetzten Zweck durch Schaffung gemeinsamer Einrichtungen, zum Teil durch Aufstellung von Verhaltensmaßregeln oder durch Koordinierung der gemeinsamen Verbandstätigkeit. Besondere Rechtsfolgen sind an die Qualifikation als Verband nicht geknüpft.

Neben Fachverbänden existieren in Österreich auch sog Dachverbände, nämlich ASKÖ, die UNION und der ASVÖ. Gemäß § 1 Abs 5 S 2 ist ein Dachverband ein Verein zur Verfolgung gemeinsamer Interessen von mehreren Verbänden. Die Fachverbände legen den Schwerpunkt ihrer Arbeit hingegen auf den Leistungs- und Spitzensport in ihrer jeweiligen Sportart. Derzeit verfügt die BSO über 60 Fachverbände. Als die bekanntesten Fachverbände gelten der ÖFB, ÖSV, OEHV sowie ÖTV. Schließlich existieren auch noch die Begriffe des Welt-, Kontinental- sowie Nationalverbands. Weltverbände, wie bspw die FIFA im Fußball, geben den jeweiligen Vereinen die Spielregeln und den organisatorischen Rahmen der Wettkämpfe vor. Unter den Kontinentalverbänden versteht man Zusammenschlüsse von Nationalverbänden eines Kontinents. So sind die europäischen Profifußballvereine in der UEFA vereint. Der Nationalverband, wie bspw der ÖFB, ist für die jeweiligen Sportvereine der Ansprechpartner für den regelmäßigen Wettkampfbetrieb.

2.1 Exkurs: Verbände im österreichischen Amateur- und Profifußball

2.1.1 Landesverbände

Die 9 Landesverbände, nämlich StFV, OÖFV, BFV, SFV, KFV, NÖFV, WFV, VFV sowie TFV, sind nicht auf Gewinn ausgerichtet, üben ihre Tätigkeit gemeinnützig iSd §§ 34 ff BAO aus und bezwecken ausschließlich und unmittelbar die Organisation, Förderung und Ausbreitung des Fußballsports in ihrem jeweiligen Bundesland unter Ausschluss nationaler, politischer und konfessioneller Tendenzen (vgl § 1 S 1 Satzungen des StFV). Die Landesverbände haben folgenden Aufgabenbereich: Veranstaltung von Verbandsspielen und Verbandsmeisterschaften, Überwachung der Veranstaltungen der Verbandsvereine, Unterstützung der Verbandsvereine in sportlicher und wirtschaftlicher Hinsicht, Veranstaltungen von sportlichen und geselligen Zusammenkünften, Aus- und Weiterbildung von Verbandsangehörigen, Veröffentlichungen in Print- und elektronischen Medien, Vertretung seiner Mitglieder in der Öffentlichkeit (vgl § 1 lit a bis h leg cit). Der einzelne Landesverband ist ordentliches Mitglied des unter Pkt 2.1.2 beschriebenen ÖFB und somit auch dessen Satzungen unterstellt (vgl § 2 lit a leg cit).

2.1.2 ÖFB

Der ÖFB als Fußballfachverband ist als Verein iSd § 1 Abs 1 S 1 konstituiert (§ 1 Abs 1 Satzungen des ÖFB). Er stellt gemäß § 2 Abs 1 S 1 leg cit *"die nicht auf Gewinn gerichtete politisch und religiös neutrale gemeinnützige Vereinigung der Fußball-Landesverbände der Republik Österreich und der ÖFBL als Dachverband dar"*. Der ÖFB ist Mitglied der FIFA der UEFA. Diese Mitgliedschaft verpflichtet den ÖFB sowie dessen Mitglieder zur Anerkennung der FIFA- und UEFA-Statuten, Reglemente, Beschlüsse und Weisungen sowie des internationalen Spielkalenders. Zweck des ÖFB ist gemäß § 2 Abs 2 lit a bis j leg cit die Förderung, Beaufsichtigung und Regelung des Fußballsports in Österreich unter Befolgung der Spielregeln des IFAB sowie unter Beachtung der Grundsätze der Loyalität, Integrität und sportlichen Gesinnung als Ausdruck von Fair Play (lit a); die Vertretung des Fußballsports im In- und Ausland und Verkehr mit der FIFA und UEFA unter Beachtung der Statuten, Reglemente, Beschlüsse und Weisungen der FIFA und UEFA (lit b); die Regelung von Streitigkeiten im Fußballsport, soweit diese nicht in die Zuständigkeit der Landesverbände oder der ÖFBL fallen (lit c); die Veranstaltung von Spielen der Auswahlmannschaften des ÖFB sowie Regelung der im Rahmen des ÖFB ausgeschriebenen Bewerbe (lit d); die Erteilung von Auskünften und Abgabe von Gutachten in Angelegenheiten des Fußballsports (lit e); die Förderung der Landesverbände und der ÖFBL (lit f); die Vermarktung des Fußballsports, insbesondere die Beteiligung an Kapitalgesellschaften (lit g); die Führung der Zentralkartei für Spieler des ÖFB (lit h), die Organisation des Fußballtrainer- und Schiedsrichterwesens (lit i) sowie die Durchführung der nationalen Lizenzierung auf Grundlage der UEFA-Bestimmungen (lit j). Der ÖFB verfügt gemäß § 8 leg cit über folgende Organe: die Bundeshauptversammlung (lit a); das Präsidium (lit b); das Direktorium (lit c); den Präsidenten (lit d);, den Generaldirektor (lit e); die Rechnungsprüfer (lit f); den Wahlausschuss (lit g); die Kommissionen und Komitees (lit h); den Rechtsmittelsenat (lit i) sowie das Schiedsgericht (lit j).

2.1.3 ÖFBL

Ebenso wie der ÖFB gilt auch die ÖFBL als Verein iSd VerG 2002 (vgl § 1 Abs 2 Satzungen der ÖFBL). Die ÖFBL gilt gemäß § 1 Abs 2 leg cit als *„Zusammenschluss aller Fußballklubs der beiden höchsten Spielklassen des österreichischen Berufsfußballs.“* In Zusammenarbeit mit ihren Mitgliedern, nämlich den Vereinen der beiden höchsten österreichischen Spielklassen, vertritt die ÖFBL die Interessen des Berufsfußballs in Österreich. Zweck der ÖFBL ist gemäß § 2 Abs 1 lit a bis i leg cit insbesondere die Förderung des österreichischen Spitzenfußballs (lit a); die Befassung mit allen den Spitzenfußball betreffenden Fragen (lit b); die Durchführung von Fußball-Bewerben, insbesondere der beiden höchsten österreichischen Spielklassen (lit c); die Förderung, insbesondere der sportlichen und wirtschaftlichen Interessen der Vereine (lit d); die Ausbildung von Nachwuchsfußballern durch ihre ordentlichen Mitglieder (lit e); die Erstellung von den Fußball betreffenden Studien (lit f); die Beteiligung an Kapitalgesellschaften (lit g); die Regelung der Arbeitsbedingungen für die bei den ordentlichen Mitgliedern beschäftigten AN, insbesondere auch durch den Abschluss von Kollektivverträgen (lit h) sowie die Bekämpfung von Dopingmissbrauch (lit i). Organe der ÖFBL sind gemäß § 9 leg cit die Hauptversammlung (§§ 10 ff leg cit); der Präsident und die Vizepräsidenten (§ 14 leg cit); der Aufsichtsrat (§§ 15 leg cit); der Vorstand (§§ 18 f leg cit); die Klubkonferenzen (§ 20 leg cit); die Senate (§ 23 leg cit), nämlich Senat 1 (Straf- und Beglaubigungsausschuss), Senat 2 (Schlichtungs- und Kontrollausschuss), Senat 3 (Stadion- und Sicherheitsausschuss) sowie Senat 5 (Lizenzausschuss), das Protestkomitee (§§ 22 ff leg cit), das Ethikkomitee (§ 22 leg cit) sowie die Abschlussprüfer (§ 29 leg cit).

2.1.4 UEFA

Die UEFA ist als ein im Handelsregister eingetragener Verein im Sinne von Art 60 ff des ZGB konstituiert. Zweck der UEFA ist gemäß § 2 Abs 2 lit a bis n Statuten der UEFA die Behandlung aller Fragen, die den europäischen Fußball betreffen (lit a); die Förderung des Fußballs in Europa im Geiste des Friedens; der Verständigung und des Fairplay, ohne Diskriminierung aufgrund der politischen Haltung, des Geschlechts, der Religion, der Rasse oder aus anderen Gründen (lit b); die Überwachung und Kontrolle der Entwicklung aller Formen des Fußballs in Europa (lit c); die Organisation und Durchführung von internationalen Wettbewerben und Turnieren des europäischen Fußballs in all seinen Formen und unter Beachtung der Gesundheit der Spieler (lit d); die Verhinderung jeglicher Methoden und Praktiken, welche die Regularität der Spiele oder Wettbewerbe gefährden oder zum Missbrauch des Fußballs führen (lit e); die Sicherstellung, dass die sportlichen Grundwerte immer Vorrang gegenüber kommerziellen Interessen haben (lit f); die Ausschüttung der Einnahmen aus dem Fußball nach dem Solidaritätsprinzip und Unterstützung von Investitionen zugunsten aller Ebenen und Bereiche des Fußballs, insbesondere des Breitenfußballs (lit g); die Förderung der Einigkeit in Fragen des europäischen und des Weltfußballs unter den Mitgliedsverbänden (lit h); die Wahrung der Gesamtinteressen der Verbände (lit i); die Sicherstellung, dass Bedürfnisse der verschiedenen Interessengruppen des europäischen Fußballs (Ligen, Vereine, Spieler, Anhänger) angemessen berücksichtigt werden (lit j); die Vertretung der ganzen europäischen Fußballfamilie (lit k); die Pflege guter Beziehungen und Zusammenarbeit mit der FIFA und den anderen von ihr anerkannten Konföderationen (lit l); die Sicherstellung, dass ihre Vertreter in der FIFA loyal im Geiste europäischer Solidarität handeln (lit m); den Ausgleich der Interessen der Verbände, Schlichtung von Meinungsverschiedenheiten untereinander sowie auf Antrag Hilfeleistung in allen Angelegenheiten (lit n). Zur Verfolgung ihrer Zielsetzungen trifft die UEFA die von ihr als geeignet erachteten Maßnahmen wie Reglemente, Verträge, Abkommen, Beschlüsse oder Programme. Gemäß Art 3 Abs 1 leg cit gilt die UEFA als anerkannte Konföderation der FIFA. Die UEFA regelt ihre Beziehung zur FIFA durch Vertrag. Die UEFA verfügt gemäß Art 11 leg cit über folgende Organe: Kongress, Exekutivkomitee, den Präsidenten sowie weitere Rechtspflegeorgane.

2.1.5 FIFA

Auch die FIFA ist ein im Handelsregister eingetragener Verein iSd Art 60 ff ZGB. Gemäß Art 2 FIFA-Statuten hat die FIFA folgende Aufgaben: die fortlaufende Verbesserung und weltweite Verbreitung des Fußballs, wobei der völkerverbindende, erzieherische, kulturelle und humanitäre Stellenwert des Fußballs berücksichtigt werden soll, und zwar im Einzelnen durch die Förderung des Fußballs durch Jugend- und Entwicklungsprogramme (lit a); das Organisieren eigener internationaler Wettbewerbe (lit b); das Festlegen von Regeln und Bestimmungen sowie die Sicherstellung ihrer Durchsetzung (lit c); die Kontrolle des Association Football in all seinen Formen, indem alle notwendigen Maßnahmen ergriffen werden, welche die Verletzung der Statuten, Reglemente und Entscheide der FIFA sowie der Spielregeln verhindern (lit d); die Verhinderung von Methoden oder Praktiken, welche die Integrität der Spiele oder Wettbewerbe gefährden oder zu Missbräuchen des Association Football führen könnten (lit e). Die FIFA verfügt gemäß Art 21 leg cit über folgende Organe: den Kongress als oberstes und gesetzgebendes Organ, das Exekutivkomitee als ausführendes Organ, das Generalsekretariat als administratives Organ sowie die Ständigen und die Ad-hoc-Kommissionen.

D. Grundrechte im Vereins-/Verbandsrecht

1. Drittwirkung von Grundrechten

Unter dem Begriff „Drittwirkung" bzw „Horizontalwirkung" von Grundrechten wird die Frage geklärt, ob Grundrechte auch auf die Rechtsbeziehungen von Privatpersonen untereinander zur Anwendung gelangen. Gerade im Sportrecht bestehen oft in den Rechtsbeziehungen zwischen Verbänden, Vereinen und Sportlern Konflikte mit grundrechtsbehaftetem Inhalt. Eine unmittelbare Drittwirkung von Grundrechten, deren Bestehen im Allgemeinen verneint wird, liegt dann vor, wenn aus einem bestimmten Grundrecht ein rechtlicher Anspruch abgeleitet werden kann, den eine Privatperson gegenüber einem anderen Privaten geltend machen kann. Demgegenüber wird eine mittelbare Drittwirkung vielfach bejaht. Unter dieser versteht man eine durch (einfaches) Gesetz vermittelte Wirkung der Grundrechte auch auf das Rechtsverhältnis zwischen Privatpersonen. Das würde für die Vereine und Verbände bedeuten, dass sie gegenüber Dritten grundsätzlich nicht grundrechtsverpflichtet werden. Möglicherweise geht die Nichtbindung von Vereinen und Verbänden an Grundrechte jedoch nicht weit genug. So geht bspw die Macht von Sportverbänden weit über die Macht anderer sozialer Gewalten, die in ihrem Verhalten grundrechtlichen Beschränkungen unterworfen sind, hinaus, sodass mE durchaus für mächtige Verbände eine Ausnahme vom Grundsatz, dass alle Privaten nur mittelbar grundrechtsverpflichtet sind, gerechtfertigt erscheint. Mächtige Verbände ähneln dem Staat, da auch den Verbänden – wie einem Staat – eine Monopolstellung zukommt. IdS hat bereits das OLG München den Anspruch eines Basketballspielers gegen den internationalen Verband auf Zulassung als „deutscher" Spieler iSd Verbandsrechts unmittelbar auf die Berufs- und Gewerbefreiheit gemäß § 12 Abs 1 GG gestützt (OLG München 2.11.1993, 18 U 6438/93, SpuRt 1994, 89 [91] = SpuRt 1994, 91 [mit

Anm *Schimke*]). Eine solche Ausnahme für mächtige Verbände hätte eine Machtbegrenzung der innerhalb ihrer jeweiligen Zuständigkeit alles allein bestimmenden Sportverbände zu Gunsten einer größeren Freiheit der am Verbandsgeschehen unmittelbar selbst Beteiligten zur Folge. Wird eine unmittelbare Drittwirkung der Grundrechte im Verhältnis zwischen Verein/Verband und Sportler jedoch abgelehnt, dh würde lediglich ein mittelbare Drittwirkung der Grundrechte vorliegen, so stellen die Generalklauseln des Privatrechts, wie bspw die Gute-Sitten Bestimmung des § 879 ABGB, Einbruchstellen der Grundrechte in das Privatrecht dar.

2. Grundrechtskollisionen im Vereins-/Verbandsrecht

Unter dem Begriff der Grundrechtskollision versteht man einen Widerstreit von Rechten in Bezug auf verschiedene Grundrechte. Im Rahmen dieses Kapitels sollen besonders ausgewählte Kollisionslagen des Vereins- bzw Verbandsrechts untersucht werden.

2.1 Vereinsfreiheit

2.1.1 Begriff und Schutzbereich

Das Recht auf Vereinsfreiheit wird jeweils durch die Bestimmungen des Art 12 StGG und Art 11 EMRK gewährt. Eine Versammlung iSd Art 12 StGG ist eine Vereinigung von Personen zum Zweck, als solche Personengemeinschaft zu wirken. Das Versammlungsrecht, nämlich das Recht, sich zu versammeln, steht nach Art 11 MRK allen Menschen, also nicht nur österreichischen Staatsbürgern (Art 12 StGG), zu. Unter der Vereinsfreiheit versteht man das Recht des Einzelnen, gemeinsam mit anderen einen Verein zu gründen oder einem solchen beizutreten und in diesem und für diesen tätig zu sein (individuelle Vereinsfreiheit). Der Begriff des „Bildens" eines Vereins bedarf jedoch noch einer näheren Konkretisierung. Der Vorgang des Bildens erschöpft sich nicht in der bloßen Entscheidung, ob ein Verein gegründet werden soll, sondern umfasst auch die Entscheidungen über den Zeitpunkt der Gründung, den Namen sowie den Sitz des Vereins. Durch die Entstehung des Vereins als juristische Person erlangt diese selbst Grundrechtssubjektivität (kollektive Vereinsfreiheit). Grundrechtseingriffe sind nur zulässig, wenn sie auf Gesetz beruhen, einem legitimen Ziel entsprechen und in einer demokratischen Gesellschaft notwendig sind.

Im Zusammenhang mit der Gründung eines Vereins steht auch die Freiheit des Vereins, selbst durch den Beschluss einer Satzung eine innere Ordnung zu schaffen. Kernbereich dieser Selbstbestimmung ist die Entscheidung der Frage, welche Ziele der Verein verfolgen möchte bzw wie er zur Erreichung dieser Ziele vorzugehen gedenkt. Zur Durchsetzung der inneren Ordnung eines Vereins bedarf es schließlich auch geeigneter Verfahren zur Durchsetzung der autonom festgelegten, inneren Ordnung (sog Vereins- bzw Verbandsgerichtsbarkeit).

2.1.2 Anwendungsfall

2.1.2.1 Aufnahme in einen Monopolverband

Grundsätzlich steht es dem Verein bzw Verband aufgrund seiner Autonomie frei, zu bestimmen, wer zur Erreichung des satzungsmäßigen Zwecks als Mitglied aufgenommen wird. Aufnahmebegehren existieren bspw im Sport sowohl in der Konstellation Sportler – Verein als auch Verein – Verband. Die ernsthafte, wettkampfmäßige Beteiligung an einer bestimmten Sportart ist für Sportvereine idR nur durch die Teilnahme an den durch die entsprechenden Fach- oder Landesverbände zur Verfügung gestellten Einrichtungen möglich. Diese Einrichtungen umfassen bspw Grundstücke, Personal, Sportgeräte. Dazu gehört weiters auch die Bereitstellung einheitlicher Regelwerke und der dazugehörigen Kontrollinstanzen, die einen geordneten Wettkampfbetrieb erst ermöglichen. Mit der Aufnahmepflicht korrespondiert das Recht am Verbleib im bisherigen Verein/Verband. Im Sportverbandsrecht gilt das sog „Ein-Platz-Prinzip", welches besagt, dass für jedes Bundesland für jede Sportart nur ein Fachverband besteht (vgl § 6 Abs 2 a lit 2 S 2 Satzungen der BSO; OGH 12.7.1994, 4 Ob 71/94, ÖBl 1995, 24 = RdW 1995, 10 = SpuRt 1996, 91; OGH 24.9.1998, 2 Ob 232/98a, DRdA 1999, 117 [mit Anm *Holzer*]; 19.11.2003, 7 Ob 273/03b, SpuRt 2004, 154 [mit Anm *Hauser*]; für das dt Recht vgl BGH 2.12.1974, II ZR 78/72, BGHZ 63, 282 [285 f]; 10.12.1985, KZR 2/85, NJW-RR 1986, 583 f).

Neben einem kartellrechtlichen Aufnahmeanspruch besteht auch ein zivilrechtlicher Aufnahmeanspruch. Das Grundrecht auf Vereinigungs- und Versammlungsfreiheit könnte insbesondere auch dann tangiert sein, wenn ein Verein in einem Verband mit übermächtiger Machtstellung, dh einem Monopolverband, nicht aufgenommen wird. Satzungsbestimmungen von Monopolverbänden, die einer Aufnahme von Vereinen entgegenstehen, sind rechtswidrig, wenn die grundrechtlichen Interessen des Vereins die Interessen des Verbands überwiegen (vgl OGH 24.9.1998, 2 Ob 232/98a, DRdA 1999, 117 [mit Anm *Holzer*]). Dem die Aufnahme begehrenden Verein sichert nämlich die durch Art 11 StGG und Art 12 EMRK gewährte Vereinsfreiheit die Existenz und Funktionsfähigkeit. Diese würde dann gefährdet sein, wenn ihm die Aufnahme in den monopolistischen Verband verwehrt werden würde. Bei einer Aufnahme vergleichbarer Vereine würde die Weigerung des Sportverbandes, einen bestimmten Verein aufzunehmen, zudem auch den Gleichheitssatz gemäß Art 2 StGG und Art 7 B-VG verletzen. Ein Monopolverband muss Mitglieder aufnehmen, für ihn gilt ein Kontrahierungszwang (vgl OGH 19.11.2003, 7 Ob 273/03b, SpuRt 2004, 154 [mit Anm *Hauser*]). Die Aufnahmepflicht kann prozessual nur vor einem ordentlichen Gericht durch Leistungsklage, mit welcher idR die Abgabe einer Aufnahmeerklärung seitens des Vereins bzw Verbands begehrt wird, geltend gemacht werden. Dabei hat der Bewerber die Voraussetzungen des Aufnahmeanspruchs darzulegen und darüber Beweis zu führen. Der Verein bzw Verband hat sachlich gerechtfertigte Gründe für die Ablehnung darzulegen bzw zu beweisen.

2.1.2.1.1 Exkurs: Aufnahmezwang im österreichischen Amateur- und Profifußball

Im Bereich des Amateurfußballs ist der jeweilige Landesverband für die Veranstaltung von Verbandsspielen und Verbandsmeisterschaften zuständig (§ 1 lit a Satzungen des StFV). Der jeweilige Landesverband verfügt somit über eine Monopolstellung für die Durchführung von Verbandsmeisterschaften für Amateurvereine und daher besteht für diesen ein Aufnahmezwang für die Amateurvereine des Bundeslands Steiermark, außer besonders sachlich gerechtfertigte Gründe sprechen gegen eine Aufnahme des Vereins in den StFV. Ganz ähnlich verhält es sich mit dem Kontrahierungszwang der ÖFBL gegenüber Profivereinen. Die ÖFBL besitzt nämlich – ganz gleich wie der im Zweiten Abschnitt unter Pkt C 2.1.1 beschriebene Fußballlandesverband – monopolähnliche Stellung (vgl OGH 12.7.1994, 4 Ob 71/94, SpuRt 1996, 91; 19.11.2003, 7 Ob 273/03b, SpuRt 2004, 154 [mit Anm *Hauser*]). Kein anderer Verband außer die ÖFBL veranstaltet nämlich eine Fußballmeisterschaft für Profimannschaften, nämliche die tipp3-Bundesliga sowie „Heute für Morgen" Erste Liga (vgl § 1 Abs 1 lit c Satzungen der ÖFBL). Die Aufnahme der Profivereine in die ÖFBL stellt somit für die Vereine eine unabdingbare Voraussetzung dar, an einer Meisterschaft von Profimannschaften teilnehmen zu können. Weiters ist die Teilnahme an den Bewerben der ÖFBL unmittelbare Voraussetzung für die Qualifikation zu den Bewerben der UEFA, nämlich der Champions League sowie der Europa League. In § 7 Abs 5 leg cit ist die Beendigung der Mitgliedschaft des Vereins zur ÖFBL bei Lizenzentzug geregelt. Die Nichterfüllung der im Rahmen der Lizenzierung vorgeschriebenen Kriterien der wirtschaftlichen Leistungsfähigkeit stellt mE eine sachliche Rechtfertigung dar, einem Verein die Teilnahme an den Bewerben der ÖFBL zu versagen (vgl OGH 13.10.2009, 1 Ob 125/09 b, ecolex 2010, 249; RIS-Justiz RS0014745; RS0016762; RS0106571). Durch die Nichterteilung der Spiellizenz an den Verein werden nämlich die Interessen anderer Vereine desselben Bewerbes, anderer Gläubiger sowie von Spielern bzw allen Mitarbeitern des Vereins gesichert. Einer rechtlichen Prüfung nicht standzuhalten vermag mE allerdings die Regelung, dass ein ordentliches Mitglied der ÖFBL vom Aufsichtsrat wegen verbandsschädigendem Verhalten ausgeschlossen werden kann (§ 7 Abs 4 S 1 leg cit). Dies va deshalb, weil eine Interessensabwägung zwischen den Interessen des Vereines an der Teilnahme an den Bewerben der ÖFBL um einiges schwerer wiegt als die Interessen der ÖFBL an loyalen Vereinen.

2.1.2.2 Sitzverlegung eines Vereins

Jedem Verein ist gemäß Art 12 StGG die Organisationsfreiheit garantiert. Zu ihr gehört auch die Befugnis, den Sitz innerhalb von Österreich frei festzulegen. Für die Rechtspersönlichkeit eines nach österreichischem Recht gegründeten ideellen Vereins in Österreich muss sich sein Sitz auf österreichischem Staatsgebiet befinden. Dies gilt jedoch nicht nur für den satzungsmäßigen Sitz, sondern auch für den tatsächlichen Vereinssitz. Nach der stRsp des VfGH geht die Rechtspersönlichkeit eines nach österreichischem Recht gegründeten Vereins mit Satzungssitz in Österreich ex lege unter, sobald er eine tatsächliche Sitzverlegung ins Ausland durchführt (vgl VfGH 23.6.1989, B519/89, VfSlg 12.109).

2.2 Schutz des Eigentums

2.2.1 Begriff und Schutzbereich

Der bundesverfassungsgesetzliche Eigentumsschutz beruht auf Art 5 StGG sowie Art 1 1. ZP-MRK. Rechtsträger des Eigentumsrechts sind neben natürlichen Personen auch juristische Personen. Unter dem Eigentum im verfassungsrechtlichen Sinne versteht man sämtliche Privatrechte, die über einen Vermögenswert verfügen, sodass unter den Eigentumsbegriff iSd Art 5 StGG sowie Art 1 1. ZP-MRK neben dem Eigentum an körperlichen Sachen auch das Mietrecht, das Pachtrecht sowie Immaterialgüterrechte, wie bspw das Markenrecht, fallen. Die klassischen Schutznormen für die Rechtsgüter des Art 5 StGG sowie Art 11. ZP-MRK finden sich im UWG, MuSchG, PatG sowie UrhG.

2.2.2 Anwendungsfall

2.2.2.1 Gewerbliche Schutzrechte

Eines der wichtigsten gewerblichen Schutzrechte im Vereinsrecht stellt das Markenrecht dar. Marken werden von Vereinen bzw Verbänden bereits seit Jahrzehnten zur Absicherung der eigenen Vermarktungstätigkeit eingesetzt. Erst mit der wachsenden kommerziellen Bedeutung der Vermarktung erfolgte auch eine verstärkte rechtliche Auseinandersetzung mit den den Bereich des Merchandising betreffenden Aspekten des Schutzes von Marken von Vereinen. Neben dem namens- oder firmenrechtlichen Schutz kann der Name eines Vereins bzw eines Verbands auch markenrechtlichen Schutz genießen.

2.2.2.1.1 Exkurs: Gewerbliche Schutzrechte im österreichischen Profifußball

Im Profifußball spielen gewerbliche Schutzrechte eine große Rolle, da der Verkauf von Fanartikeln für die Vereine eine wichtige Einnahmequelle bildet. Im Rahmen der Entscheidung des OGH 4 Ob 167/97f vom 7.7.1997 hatte sich dieser mit der Frage der Rechtmäßigkeit des Verbreitens der Vereinslogos der Klubs der höchsten österreichischen Spielklasse in Form von Aufklebern durch einen Dritten zu beschäftigen. Der OGH gelangte dabei zur Rechtsauffassung, dass alle Vereine der höchsten österreichischen Spielklasse, vertreten durch die ÖFBL, durch die sportlichen Leistungen ihren Logos jene Attraktivität verschafft haben, die dazu führt, dass Aufkleber, auf denen die Klubembleme abgebildet sind, gesammelt und in Alben eingeklebt werden. Ein Vertrieb dieser Vereinslogos in Form von Aufklebern sei sittenwidrig iSd § 1 UWG, da die Benutzung eines derartigen Werbesymbols üblicherweise nur gegen Entgelt im Wege einer Lizenz gestattet ist (OGH 7.7.1997, 4 Ob 167/97f, ÖBl 1998, 182).

Auch Logos von Fußballnationalverbänden genießen einen besonderen rechtlichen Schutz. In der Entscheidung des OGH 4 Ob 2206/96g vom 17.9.1996 hatte sich das Höchstgericht mit der Rechtmäßigkeit des Kopierens eines dabei benützten Emblems der englischen Fußballnationalmannschaft durch einen Dritten ohne Erwerb einer Lizenz zu beschäftigen (OGH 17.9.1996, 4 Ob 2206/96g, SpuRt 1998, 154; RIS-Justiz RS0106993; vgl auch OGH 28.2.2012, 4 Ob 212/11x, Jus-Extra OGH-Z 5140 = wbl 2012/110 = MR 2012,

102). Die kl Partei begehrte, die Bekl schuldig zu erkennen, im geschäftlichen Verkehr mit Textilien das In-verkehrbringen von Oberbekleidung mit dem Emblem des englischen Fußballnationalteams, welches nicht von der kl Partei stammt, in Österreich zu unterlassen. Weiters wurde von der kl Partei ein Rechnungsle-gungsbegehren dahingehend gestellt, dass die Zahlung eines angemessenen Entgelts für die Benutzung des Emblems gefordert wurde. Dem Unterlassungsbegehren der kl Partei wurde durch den OGH stattgegeben. Dies deshalb, weil die bekl Parteien die Sportbekleidung mit dem Emblem des Kl vertrieben haben. Sie haben damit die auf die Leistungen des Kl beruhende Popularität des Emblem in schmarotzerischer Weise ausgebeutet. Die bekl Parteien haben sich durch ihr sittenwidriges Verhalten gemäß § 1 UWG Lizenzgebüh-ren erspart, indem sie zu keinem Zeitpunkt die Zustimmung des Kl eingeholt hatten. Der Unterlassungsan-spruch der kl Partei wurde vom OGH auf § 1 UWG, der Rechnungslegungsanspruch in analoger Anwen-dung auf die Bestimmungen des § 56 MuSchG sowie § 151 PatG gestützt.

2.3 Freiheit der Erwerbstätigkeit

2.3.1 Begriff und Schutzbereich

Die Bestimmung des Art 6 StGG erfasst jede Art der Erwerbstätigkeit, selbständige wie unselbständige, gewerbliche wie freiberufliche. Art 6 Abs 1 leg cit garantiert jeder inländischen natürlichen oder juristischen Person ein Recht auf Entfaltung einer freien Erwerbstätigkeit. Das Recht erfasst sowohl den Erwerbsantritt als auch die Erwerbsausübung. Gegenstand der Erwerbsfreiheit ist jede Tätigkeit, die auf wirtschaftlichen Erfolg abzielt, also jede Art, Vermögen zu erwerben, nicht nur eine gewerbliche Tätigkeit iSd GewO 1994. Die wirtschaftliche Tätigkeit eines Vereines stellt ein Gewerbe iSd GewO 1994 dar. Gemäß § 1 Abs 6 GewO 1994 unterliegen die Vereine dann dem Rechtsregime der Gewerbeordnung, wenn sie die Absicht haben, einen Ertrag bzw sonstigen Vorteil zu erzielen (vgl OGH 15.9.1992, 4 Ob 71/92, MR 1992, 259 = ÖBl 1992, 268 = GRURInt 1992, 501). Davon zu unterscheiden ist die Frage, ob der ideelle Verein als Unternehmer iSd § 1 UGB gilt. Ein ideeller Verein betreibt auch dann kein Unternehmen iSd § 1 Abs 2 leg cit, wenn er für seine auf einem Markt angebotenen Leistungen ein Entgelt fordert, das jedoch keinesfalls kostendeckend ist, sodass seitens des Vereines sonstige Geldquellen erschlossen werden müssen, um den Vereinsbetrieb auf-rechterhalten zu können. Betreibt der Verein hingegen im Rahmen seiner Zweckverfolgung sehr wohl auch ein entweder auf Gewinn oder zumindest auf Kostendeckung gerichtetes Unternehmen iSd § 1 Abs 2 leg cit, so ist er Unternehmer (vgl OGH 11.12.2007, 4 Ob 215/07g, SZ 2007/194). Auf den ersten Blick erscheint die Bestimmung des § 1 Abs 2 S 1, wonach der Idealverein *„nicht auf Gewinn berechnet sein darf"*, einer möglichen Unternehmereigenschaft eines ideellen Vereins entgegenzustehen. Dies ist jedoch nicht der Fall, denn das Tatbestandsmerkmal der Gewinnerzielungsabsicht iSd § 1 Abs 2 S 1 bedeutet keineswegs, dass der Verein überhaupt keine unternehmerischen Tätigkeiten ausüben darf (vgl VwGH 21.3.2007, 2006//05/0034, VwSlg 17.140 A). Wenn die unternehmerische Tätigkeit dem der Satzung zu entnehmenden ideellen Zweck untergeordnet ist, also ein Mittel zur Erreichung des Vereinszwecks darstellt, dann ist diese auf-grund des sog „Nebentätigkeitsprivilegs" zulässig (vgl VwGH 21.3.2007, 2006/05/0034, VwSlg 17.140 A; OGH 11.12.2007, 4 Ob 215/07g, SZ 2007/194; 8.11.2001, 6 Ob 188/01t, SZ 1974/183 = RdW 2002/210). Sollte dies nicht der Fall sein, also stehen beim betreffenden Verein wirtschaftliche Zwecke im Vordergrund, so wird die Vereinsbehörde die Vereinsbildung schon a priori untersagen.

2.3.2 Anwendungsfälle

2.3.2.1 Entzug der Spiellizenz

Unter dem Begriff „Lizenz" versteht man ganz allgemein eine *„Erlaubnis, Genehmigung, besonders zur Nutzung eines Patents oder eines Softwareprogramms oder zur Herausgabe eines Druckwerks"*. Der Begriff

„Lizenz" entstammt dem Rechtsbereich des „Gewerblichen Rechtsschutzes". Eine umfassende Regelung des „Lizenzrechts" ist der österreichischen – wie auch der dt – Rechtsordnung fremd. Durch die Lizenz wird dem Dritten vom Eigentümer ein Nutzungsrecht an einem Immaterialgüterrecht eingeräumt. Die entsprechenden Grundlagen und Begriffsbestimmungen sind in den die gewerblichen Schutzrechte normierenden Bundesgesetzen (§§ 35 bis 38 PatG, § 10 MuSchG, § 24 UrhG) zu finden. Die Lizenz kann als positives Benutzungsrecht oder als negatives Verbietungsrecht verstanden werden. Die Lizenz gilt als positives Benutzungsrecht, wenn sie durch einen positiv gestalteten Akt gewährt wird, während unter der negativen Lizenz der Verzicht des Schutzrechtsinhabers auf die Geltendmachung seines Verletzungsanspruches zu verstehen ist.

Sportverbände, die Mannschaftssportarten veranstalten, erteilen vor dem Beginn einer Meisterschaftssaison Lizenzen, also Teilnahme-Berechtigungen, die idR bis zum Ende der Meisterschaft Gültigkeit haben und dann wieder neu erteilt werden müssen. Im Bereich des Sports werden die Lizenzen bzw Teilnahmeberechtigungen in den jeweiligen Satzungen oder verbandsrechtlichen Nebenordnungen geregelt. Im Rahmen einer „Spiellizenz" wird dem Verein die Berechtigung erteilt, als Lizenzträger mit einer Mannschaft in einer Liga, welche vom Lizenzgeber veranstaltet wird, teilzunehmen. In der vereinsrechtlichen Praxis kommt es sehr häufig vor, dass einem Verein die Lizenz entzogen wird oder die erneute Lizenzerteilung versagt wird, weil er das Erfordernis der wirtschaftlichen Leistungsfähigkeit nicht erfüllt. Das Kriterium der wirtschaftlichen Leistungsfähigkeit dient der Aufrechterhaltung des Spielbetriebes sowie der sportlichen Gerechtigkeit.

2.3.2.2 Zentralvermarktung

Im Berufssport stellt die Vergabe von Übertragungsrechten von Vereinen/Verbänden an Fernsehanstalten, Internetanbietern, Radioanstalten sowie Mobilfunkanbietern einen wichtigen Teil der Erwerbstätigkeit dar. Eine Zentralvermarktung liegt dann vor, wenn nicht jeder Verein selbst seine Übertragungsrechte vergibt, sondern die Rechte aller Vereine gemeinsam durch die ÖFBL als Paket an die Anbieter verkauft werden. Hauptziel der Zentralvermarktung ist die Beibehaltung vergleichbarer wirtschaftlicher Potenz der an den Wettbewerben teilnehmenden Vereinen. Die großen Vereine haben auch auf den anderen Gebieten, wie Sponsoring, Merchandising und Einnahmen aus dem Ticketing, einen wirtschaftlichen Vorteil gegenüber den kleineren Vereinen. Genau dieser Unterschied soll durch die Zentralvermarktung ausgeglichen werden. Die zentrale Vergabe der Erstsenderechte an einen Sender kann zudem noch den Vorteil haben, dass der Erlös für das Gesamtpaket aller Spiele höher liegt als der Gesamterlös bei der Einzelvermarktung. Die Zentralvermarktung dient somit dem Interesse der Attraktivität des Wettbewerbs sowie der Steigerung der öffentlichen Interessen an ihm und der Sportart.

2.3.2.2.1 Exkurs: Zentralvermarktung im österreichischen Profifußball

Für den österreichischen Profifußball findet sich in § 4 Abs 11 lit a Durchführungsbestimmungen für die Bewerbe der ÖFBL die Regelung, dass die ÖFBL und ihre Klubs für alle Spiele, die in ihren Zuständigkeitsbereich fallen, das ausschließliche Recht besitzen, audiovisuelle und hörfunktechnische Ausstrahlungen sowie jede andere Nutzung und Verbreitung durch Bild- und Tonträger zu bewilligen. In den Zuständigkeitsbereich der ÖFBL fallen Meisterschaftsspiele sowie Spiele der UEFA Klub-Wettbewerbe, soweit diese nicht von der UEFA zentral vermarktet werden. Die Verwertungs- und Vermarktungsrechte liegen bei der ÖFBL selbst, sodass eine „Zentralvermarkung" vorliegt. § 11 Abs 1 leg cit regelt die Verteilung der der ÖFBL zufließenden Erträge aus der TV-Vermarktung auf die einzelnen Vereine der tipp3-BL. Danach werden 50 % der Erträge aus der TV-Vermarktung dem sog „Österreicher-Topf" zugeführt. Die zweiten 50 % der Einnahmen werden auf alle teilnehmenden Vereine der tipp3-BL aliquot verteilt. Der genaue Betrag, den ein Verein der tipp3-BL somit aus den ersten 50 % der Einnahmen aus der TV-Vermarktung erhält, ist an die Erfüllung von Voraussetzungen hinsichtlich des Einsatzes von Spielern, die im Besitz der österreichischen Staatsbürgerschaft sind, gekoppelt (vgl § 11 Abs 2 leg cit).

In weiterer Folge stellt sich nun aus verfassungsrechtlicher Sicht die Frage, ob die mit der Zentralvermarktung durch die ÖFBL verbundenen Maßnahmen auch geeignet sind, die Zwecke der Erhöhung der Attraktivität der Meisterschaft sowie eine Steigerung des öffentlichen Interesses zu erreichen. Bezüglich des weiteren Kriteriums der Erforderlichkeit ist auszuführen, dass es mE möglich wäre, diese Ziele auch durch eine speziellere Form der Zentralvermarktung zu erreichen, bei der nicht alle teilnehmenden Vereine denselben Betrag aus der Vermarktung erhalten, sondern diesen nach einem bestimmten Schlüssel gestaffelt unterschiedlich hohe Beträge aus der Vermarktung zukommen. Die Höhe des Betrages würde sich dabei nach dem Grade der Attraktivität bzw Erfolge des jeweiligen Vereines richten. Die DFL ist diesem Gedanken bereits gefolgt, indem die Verteilung der Erlöse aus der Vermarktung zwischen den Klubs nach einer „Vier-Jahres-Wertung" erfolgt, wobei die Endplatzierungen 1 - 36 der letzten drei Bewerbsjahre im Verhältnis 3:2:1 gewertet werden und die durchschnittliche Platzierung der jeweils aktuellen Situation mit dem Faktor 4 Eingang findet. ME würden sich die Ziele der Zentralvermarktung durch diese von der DFL praktizierte Verteilung der Erlöse auch in Österreich erreichen lassen, sodass das von der ÖFBL bis dato praktizierte System der Verteilung der Erlöse aus der TV-Vermarktung nicht erforderlich ist, um die gewünschten Ziele zu erreichen. Wenn nun Art 6 StGG jedem Verein die Freiheit zubilligt, ihre gewerbsbezogenen Entscheidungen völlig frei zu treffen und den Verein nach eigenen Belieben zu führen, so impliziert dies zugleich, dass ihnen die aus diesen Tätigkeiten im Wettbewerb erzielten geldwerte Vorteile auch verbleiben müssen. Ein Verteilungssystem, wie das der ÖFBL in § 4 Abs 11 lit a leg cit festgelegte Modell der Zentralvermarktung, welches das Kriterium der Leistung völlig außer Acht lässt, steht somit der Wertung des Art 6 StGG entgegen. Die Zentralvermarktung mag aus verfassungsrechtlicher Sicht grundsätzlich zulässig sein, jedoch nur unter der Voraussetzung, dass bei der Verteilung der Einnahmen aus der TV-Vermarktung die unterschiedlichen Beiträge der einzelnen teilnehmenden Vereine zu ihrer Höhe in ausreichender Weise berücksichtigt werden.

2.4 Gleichheitsgrundsatz

2.4.1 Begriff und Schutzbereich

Der Gleichheitsgrundsatz gemäß Art 2 StGG und Art 7 B-VG schreibt den Anspruch auf Gleichbehandlung aller Menschen durch den Staat fest. Sowohl nach Art 2 StGG als auch nach Art 7 B-VG gilt der Gleichheitssatz nur für österreichische Staatsbürger; dh nur Österreicher, nicht aber auch Ausländer können sich auf dieses Recht berufen. Bei juristischen Personen des Privatrechts, auf die der allgemeine Gleichheitsgrundsatz ebenfalls Anwendung findet, ist entscheidend, wo sich der Sitz befindet. Der Gleichheitssatz in der vom VfGH geschaffenen Ausformungen des Diskriminierungs- und Sachlichkeitsgebots spielt auch im Vereinsrecht eine große Rolle. Der Gleichheitsgrundsatz lässt nur „sachlich gerechtfertigte" Differenzierungen zu. Nach der stRsp des VfGH ist eine Differenzierung nur dann sachlich begründet, wenn sie nach objektiven Unterscheidungsmerkmalen, also *„aus Unterschieden im Tatsächlichen"* erfolgt.

2.4.2 Anwendungsfälle

2.4.2.1 Aufnahme in einen Monopolverband

Wie bereits im Zweiten Abschnitt unter Pkt D. 2.1.2.1 ausführlich beschrieben, hat ein Verband eine Monopolstellung inne. Versagt ein Verband somit einem aufnahmewilligen Verein, der sämtliche Voraussetzungen für eine Aufnahme erfüllt, die Mitgliedschaft, so verstößt diese Vorgangweise nicht nur gegen das verfassungsgesetzlich gewährleistete Recht der Vereinsfreiheit (Art 12 StGG), sondern auch gegen den Gleichheitsgrundsatz gemäß Art 7 B-VG. Verbände haben somit bei der Aufnahme von Vereinen die vom VfGH entwickelten Grundsätze zum Gleichbehandlungsgrundsatz zu beachten. Danach sind im Rahmen der Aufnahme nur solche Differenzierungen zwischen Vereinen zulässig, die auch sachlich gerechtfertigt sind, dh wenn die Differenzierung nach objektiven Unterscheidungsmerkmalen erfolgt. Ob die Untersagung der Aufnahme eines Vereines in den Verband sachlich gerechtfertigt ist oder nicht, hängt von den Umständen des Einzelfalls ab, wobei hier im Rahmen der Monopolstellung des Verbandes ein sehr strenger Maßstab anzulegen ist.

2.4.2.2 Setzung von Ausschlussfristen zur Erfüllung von Auflagen und Bedingungen im Lizenzierungsverfahren

Im Rahmen der Vergabe von Spiellizenzen von Sportverbänden an Vereine sehen die Lizenzierungsbestimmungen zur Einhaltung eines einheitlichen und fristgebundenen Zulassungsverfahrens sehr häufig sog Ausschlussfristen zur Erfüllung von Auflagen und Bedingungen vor. Die Feststellung der wirtschaftlichen Leistungsfähigkeit unter Auflagen und Bedingungen stellt eine weniger einschneidende Maßnahme als die ansonsten gebotene Versagung der Lizenz wegen der mangelnden wirtschaftlichen Leistungsfähigkeit dar. Einem Sportverband ist es im Rahmen seiner durch die Verbandsautonomie gegebenen Organisationsgewalt grundsätzlich möglich, den sich für die Teilnahme am Spielbetrieb eines Meisterschaftsbewerbes bewerbenden Vereinen zur Einhaltung eines einheitlichen und fristgebundenen Lizenzierungsverfahrens Ausschlussfristen zur Erfüllung von Auflagen und Bedingungen vorzugeben. Dies ist aber nur so lange möglich, als sich der Sportverband im Rahmen des Gleichheitsgrundsatzes nicht willkürlich verhält (Schiedsgericht des DFB, 16.7.2003, SpuRt 2003, 255 [*Eilers*]).

2.4.2.3 Schaffung von Leistungsklassen nach Alter und Geschlecht

Speziell im Sport ist die Einteilung nach verschiedenen Leistungsklassen weit verbreitet. Differenziert wird dabei va nach dem Alter und dem Geschlecht. Diskriminierungsverbote im Sport sind jedoch deswegen sehr prekär, weil der Sport von Differenzierungen geprägt ist. Grundsätzlich sind Klassifizierungen im Sport als zulässig zu betrachten, denn man denke nur an die nicht zu leugnenden biologischen Unterschiede zwischen Frauen und Männern, insbesondere die unterschiedliche körperliche Leistungsfähigkeit. Schon alleine diese biologischen Unterschiede erfordern eine Gruppenbildung. Um Maßnahmen zur Beseitigung der Nachteile treffen zu können, ist in den einzelnen Sportarten eine entsprechende Segmentierung in Leistungsklassen notwendig.

2.5 Justizgrundrechte

Neben den Grundrechten mit materiellen Schutzbereichen existieren auch sog Justizgrundrechte. Sie stützen den Wert der anderen Grundrechte, indem sie dafür sorgen, dass sie im Konfliktfall auch effektiv durchgesetzt werden können. Im Vereinsrecht werden die Justizgrundrechte insbesondere im Verhältnis zwischen den Mitgliedern und der Vereinsgewalt relevant. Bei der Vereins-/Verbandsgerichtsbarkeit handelt es sich nicht um eine Erscheinungsform der staatlichen Gerichtsbarkeit iSd Bestimmungen der Art 82 bis 94 B-VG.

2.5.1 Recht auf ein faires Verfahren

2.5.1.1 Begriff und Schutzbereich

Das Recht auf ein faires Verfahren gemäß Art 6 EMRK umfasst zum einen das Recht, dass Fälle des Strafrechts und des Zivilrechts durch eine unabhängige Institution entschieden werden. Zum anderen schützt es verschiedene Rechte innerhalb eines Verfahrens, wie das Recht auf Gehör (Gelegenheit zur persönlichen Stellungnahme); Akteneinsicht; Öffentlichkeit der Verhandlung; das Recht des Beschuldigten, sich nicht selbst belasten zu müssen, das Recht auf Waffengleichheit, das Recht auf Begründung von Entscheidungen und das Recht auf Entscheidung innerhalb einer angemessenen Frist. Der Anspruch auf rechtliches Gehör gemäß Art 6 leg cit umfasst das zwingende Gebot, dem Verfahrensobjekt die Möglichkeit zu geben, auf das Verfahren persönlich einzuwirken und sich zu den gegen ihn erhobenen Vorwürfe zu äußern bzw entlastende Umstände vorzubringen. Dieses prozessuale „Urrecht" ist auch eines der wesentlichen Verfahrensgarantien der Vereins-/Verbandsgerichtsbarkeit. Auch die Unparteilichkeit bzw Unabhängigkeit des Gerichts („tribunals") ist von Art 6 leg cit umfasst. Da die Vereins-/Verbandsgerichte jedoch vollständig integrierte Bestandteile im Vereins- bzw Verbandsleben sind, können sie den für staatliche Gerichte in diesen Bereichen geltenden Ansprüchen nicht genügen.

Aus Gründen der Waffengleichheit hat das Vereins- bzw Verbandsmitglied auch das Recht, sich vor dem Vereins- bzw Verbandsgericht anwaltlich vertreten zu lassen. Anwaltlicher Beistand ist va dann erforderlich, wenn eine nicht ganz einfache Sach- und Rechtslage vorliegt, eine größere Beweisaufnahme ansteht oder strittige Fragen der Auslegung der Satzungen zu klären sind. Verweigert der Verein/Verband die Teilnahme eines anwaltlichen Beistandes, so verstößt er gegen seine Rücksichtspflichten gegenüber dem Mitglied. Die Rücksichtspflicht kann es insbesondere auch erforderlich machen, dass ein Verband die Anwaltskosten eines Mitglieds dafür trägt, dass sich dieses im Hinblick auf seinen Ruf oder seinen sonstigen Interessen veranlasst sieht, eine Rechtsstreitigkeit mit einem Dritten auszutragen, die primär jedoch nur den Verband tangiert.

Unabdingbare Voraussetzung für die Gewährleistung der Richtigkeit der Entscheidung des Rechtskörpers ist die Erforschung der Wahrheit anhand geeigneter Beweismittel. Den in der Vereins-/Verbandsgerichtsbarkeit zulässigen Beweismitteln sollten dabei keine engeren Grenzen als im staatlichen Verfahren gesetzt werden. Neben den Zeugenaussagen und der Parteienvernehmung, der Heranziehung von Urkunden sowie von Sachverständigen muss auch – speziell im Sport – die Zulassung von Fernsehaufnahmen selbstverständlich sein. Am Ende des Verfahrens ergeht eine Entscheidung des zuständigen Rechtsorgans des Vereins/Verbandes. Diese Entscheidung muss nicht unbedingt das Ende des Verfahrens darstellen, denn der Betroffenen hat idR die Möglichkeit, ein Rechtsmittel gegen die Entscheidung in I. Instanz zu erheben.

2.5.1.2 Anwendungsfall

2.5.1.2.1 Exkurs: Recht auf ein faires Verfahren in der Sportgerichtsbarkeit im österreichischen Amateur- und Profifußball

Der ÖFB als Sportverband hat den Anspruch auf rechtliches Gehör va in der Bestimmung des § 66 ÖFB-RPO verankert. Gemäß § 66 Abs 1 leg cit *„müssen die Parteien vor einer Entscheidungsfassung – sofern sie von diesem Recht Gebrauch machen – angehört werden."* Weiters haben die Parteien gemäß § 66 Abs 2 leg cit das Recht, die Akten vor Ort einzusehen und sich allenfalls auf eigene Kosten Kopien anzufertigen (lit a) sowie faktische und rechtliche Argumente vorzubringen (lit b). Weiters bestimmt § 63 Abs 3 leg cit, dass eine Partei zu hören ist, wenn sie sich bei der Behandlung der Angelegenheit vor Ort befindet. In den Bestimmungen der §§ 55 und 56 leg cit finden sich Regelungen über die Unabhängigkeit der Rechtsorgane und Befangenheit von deren Mitgliedern. Weiters legt die Bestimmung des § 76 Abs 1 leg cit fest, dass die Parteien einen Rechtsbeistand zur Verhandlung beiziehen dürfen. Hat sich eine Partei eines anwaltlichen Beistandes bedient, so kann nur mehr an diesen zugestellt werden (§ 76 Abs 4 leg cit).

Der ÖFB hat in der ÖFB-RPO einen dreigliedrigen Instanzenzug vorgesehen (vgl §§ 81 ff leg cit: Erste Instanz, §§ 84 ff leg cit: Zweite Instanz sowie §§ 91 ff leg cit: Dritte Instanz). Gemäß § 73 Abs 2 leg cit können Entscheidungen mündlich oder schriftlich ergehen. Entscheidungen der Spruchkörper des ÖFB in erster Instanz können in Langform oder in gekürzter Ausfertigung ergehen, die Entscheidungen in der zweiten und dritten Instanz sind hingegen immer in Langform auszufertigen [vgl § 75 Abs 2 leg cit: *„Die Langform der Entscheidung umfasst: das entscheidende Gremium* (lit a), *die Zusammensetzung des Gremiums* (lit b), *die Namen der beteiligten Parteien* (lit c), *den Spruch* (lit d), *die Rechtsbegehren bzw die Anträge der Parteien* (lit e), *den festgestellten Sachverhalt* (lit f), *das Ergebnis der Beweiswürdigung* (lit g), *die rechtliche Beurteilung* (lit h), *die Rechtsmittelbelehrung* (lit i), *sowie das Datum der Entscheidung* (lit j)]. Die Entscheidung wird dann allen Parteien oder deren Rechtsvertretern mitgeteilt und zugestellt (§ 72 Abs 1 S 1 leg cit).

Gegenstand der Entscheidung des OGH 10 Ob 50/06k vom 12.9.2006 war die Verhängung einer Disziplinarstrafe gegenüber einem Amateurfußballspieler. Die Disziplinarstrafe wurde deswegen verhängt, da der Spieler vor Anrufung des Kontroll-, Melde- und Finanzausschusses des Landesverbandes ein ASG angerufen hat, um seine Ansprüche aus der ungerechtfertigten Entlassung durch seinen Verein geltend zu machen. Im Zusammenhang mit dem Protest des Spielers gegen die über ihn verhängte Pflichtspielsperre von drei Spielen wurde ihm nahegelegt, die Klage zurückzuziehen. Dem Spieler wurde angedroht, dass über ihn im Falle einer Nicht-Einigung mit dem Verein binnen einer Woche eine Sperre von 15 Pflichtspielen verhängt werden würde. Der OGH stellte fest, dass *„eine solche durch Drohungen und Belohnungen bei Wohlverhalten bestimmte Vorgangsweise, die alleine die Sicht des antragsgegnerischen Verbandes gelten lässt, dem die weitere gerichtliche Geltendmachung eines Anspruches durch den Antragsteller missfiel", gegen die grundlegenden Regeln eines fairen Verfahrens verstößt."* Aus diesem Grunde erachtete der OGH die Entscheidung des Protestsenats des Landesverbandes über die Verhängung der Pflichtspielsperre von 15 Spielen als unwirksam (vgl OGH 12.9.2006, 10 Ob 50/06k, SZ 2006/129 = JBl 2007, 321 = ÖJZ 207/13 [EvBl]).

2.5.2 Recht auf den gesetzlichen Richter

2.5.2.1 Begriff und Schutzbereich

Die Bestimmung des Art 83 Abs 2 B-VG leistet Gewähr dafür, dass die Zuständigkeit von Gerichten und Verwaltungsbehörden gesetzlich geregelt ist. Wer eine Rechtssache zu entscheiden hat, soll für den Betroffenen aus dem Gesetz hervorgehen und nicht ad hoc festgelegt werden können. Daneben schützt dieses Recht auch vor einer ungerechtfertigten Verweigerung der Sachentscheidung. Eine Behörde oder ein Gericht verletzt das Recht auf den gesetzlichen Richter auch dann, wenn eine Entscheidungsfindung abgelehnt wird, obwohl die Rechtssache in deren Kompetenzbereich fällt.

2.5.3 Prinzip der Gewaltenteilung

2.5.3.1 Begriff und Schutzbereich

Nicht allgemein ausdrücklich normiert, aber aus verschiedenen Verfassungsvorschriften, insbesondere aus Art 94 B-VG abzuleiten, ist das Prinzip der Gewaltentrennung. Nach Art 94 leg cit sind Gerichtsbarkeit und Verwaltung in allen Instanzen getrennt. Beim Prinzip der Gewaltenteilung handelt es sich um ein tragendes Organisationsprinzip im Rechtsstaat, dem der Gedanke der Begrenzung des staatlichen Machtmonopols durch Trennung der Staatsfunktionen zugrundeliegt. Dieses Prinzip ist somit auch für die Anwendung im Bereich der Vereins-/Verbandsgerichtsbarkeit bestens geeignet, Machtkonzentrationen zu vermeiden. Eine gesetzlich fixierte Trennung der Rechtsprechungsaufgaben von der sonstigen Verwaltung des Vereines/Verbandes besteht nicht. Aufgrund der Vereinsfreiheit und Privatautonomie ist der Verein/Verband jedoch berechtigt, jederzeit weitere Organe zu bestellen. Durch satzungsmäßige Regelung kann der Mitgliederversammlung bzw dem Leitungsorgan die Kompetenz in dem bestimmten Bereich entzogen und anderen, wie bspw fakultativen Organen, ein eigener Aufgabenbereich zugewiesen werden, den sie grundsätzlich ohne bestehende Einflussnahme durch die sonstigen Organe besorgen können.

2.5.2.2 Anwendungsfall

2.5.3.2.1 Exkurs: Prinzip der Gewaltenteilung in der Sportgerichtsbarkeit im österreichischen Amateur- und Profifußball

Eine klare Trennung von Rechtsprechung und Verbandsverwaltung kann aber idR nicht existieren (vgl § 54 Abs 1 ÖFB-RPO: *„Die Geschäftsstelle des Verbandes kann einen zuständigen Mitarbeiter bezeichnen, der gegebenenfalls für die Administration der Sitzungen zuständig ist und auf Anleitung des Vorsitzenden hin die Sitzungsprotokolle verfasst. "*) Es entscheiden nämlich keine unabhängigen, getrennt vom Verwaltungsleben der Vereine/Verbände bestehenden Rechtsprechungsorgane. Vielmehr sind die die Vereins-/Verbandsgerichtsbarkeit bildenden Instanzen Organe der Vereine bzw Verbände und damit fest integrierte Bestandteile der Verwaltung des Vereins/Verbands.

2.5.4 Bestimmtheitsgrundsatz

2.5.4.1 Begriff und Schutzbereich

Der verfassungsrechtliche Bestimmtheitsgrundsatz gemäß Art 18 Abs 1 und 2 B-VG hat auch entsprechende Geltungskraft für die Anforderungen an die Festlegung von vereins- bzw verbandsrechtlichen Normen und deren Anwendung durch die Vereins-/Verbandsgerichtsbarkeit (für das dt Recht vgl BGH 11.11.1985, II ZB 5/85, NJW 1996, 1033 [1034]; LG Leipzig, 7.9.2004, 5 O 6152/02, SpuRt 2005, 209; Rechtsausschuss des DLV, 26.3.1983, RA 10/92, SpuRt 1996, 66 [68]). Jedes Vereins-/Verbandsmitglied muss unzweideutig erkennen können, ob und wie ein Fehlverhalten sanktioniert wird.

2.5.4.2 Anwendungsfall

2.5.4.2.1 Exkurs: Bestimmtheitsgrundsatz in der Sportgerichtsbarkeit im österreichischen Amateur- und Profifußball

Unter dem Kapitel III. ÖFB-RPO mit der Überschrift *„Weitere Sanktionen und Maßnahmen"* findet sich die Bestimmung des § 32 ÖFB-RPO, wonach einem Verein bzw einer Mannschaft in einer laufenden oder künftigen Meisterschaft oder in einem Turnier Punkte abgezogen werden können. Die Bestimmung des § 32 leg cit ist mE unbestimmt und unzureichend determiniert. Vielmehr geht aus dieser Bestimmung nicht hervor, wieviele Punkte einem Verein abgezogen werden können und bei welchen Vergehen diese Sanktion verhängt werden kann.

ME widerspricht auch die Bestimmung des § 100 Abs 1 lit f leg cit dem Bestimmtheitsgrundsatz. Dies aus dem Grunde, als aus diesem Straftatbestand keineswegs hervorgeht, ob auch die Tätigkeit des „Anschüttens mit einer Flüssigkeit" als Tätlichkeit zu werten ist. Zur Lösung der Rechtsfrage der generalklauselartigen Formulierung des Begriffes der „Tätlichkeit" ist die Bestimmung des Straftatbestandes der Körperverletzung gemäß § 83 StGB heranzuziehen. Die Bestimmung des § 83 Abs 1 leg cit spricht von einer Verletzung am Körper oder die Schädigung an der Gesundheit. Die Bestimmung des § 100 Abs 1 lit f ÖFB-RPO mag zwar einen eigenständigen Inhalt aufweisen, jedoch ist im Rahmen der Interpretation des Begriffes der Tätlichkeit iSd § 100 Abs 1 lit f leg cit bei einer zu schließenden Verbandsrechtslücke, welche sich im Rahmen der Beurteilung des „Anschüttens" in casu ergibt, staatliches Recht, in concreto die Bestimmung des § 83 Abs 1 StGB, zur Lückenschließung heranzuziehen. Am Körper verletzt, wer in die körperliche Integrität eines anderen nicht ganz unerheblich eingreift und Erscheinungen bewirkt, die allgemein als Verletzungen oder Wunden auftreten. Eine Gesundheitsschädigung liegt hingegen dann vor, wer eine Krankheit hervorruft oder verschlimmert oder sonst die körperliche Verfassung eines anderen nicht bloß ganz vorübergehend oder unerheblich verschlechtert. Aufgrund der Tatsache, dass sich die Tätigkeit des „Anschüttens mit einer

Flüssigkeit" auch im Wege der Auslegung nicht unter den Straftatbestand der Tätlichkeit iSd § 100 Abs 1 lit f ÖFB-RPO subsumieren lässt, gilt diese mE als unbestimmt. Auch in der Rechtsprechung des Fußballstrafrechts des DFB ist das „Anschütten" keineswegs unter eine Tätlichkeit iSd § 8 Nr 1 c RuVO zu subsumieren. Nach § 8 Nr 1 c leg cit sind nur Treten, Schlagen, Stoßen sowie Beißen typische Begehungsformen der Tätlichkeit. Das Anschütten stellt also auch nach dt Verbandsstrafrecht keine Tätlichkeit dar.

2.5.5 Verbot der Mehrfachbestrafung

2.5.5.1 Begriff und Schutzbereich

Das Verbot der Mehrfachbestrafung gemäß Art 4 7. ZP EMRK erklärt es für verfassungswidrig, wenn eine bereits rechtskräftig verurteilte oder freigesprochene Person wegen derselben Tat erneut vor Gericht bestraft wird. Der allgemeine Rechtsgrundsatz „*ne bis in idem*" findet dann im Verbandsrecht keine Anwendung, wenn Verbandssanktionen neben staatliche Sanktionen treten (vgl Zweiter Abschnitt Pkt A. 2.7 Anhang 1: Musterlösungen Pkt 1.1.7). Dies deshalb, weil die Kompetenz zur Sicherstellung verbandsrechtlicher Ziele im satzungsmäßigen Rahmen und die staatliche Strafgewalt über unterschiedliche rechtliche Grundlagen verfügen. Denkbar ist jedoch ein Einfluss der durch die Vereins-/Verbandsgerichtsbarkeit gefällten Strafen auf die Entscheidung durch ein staatliches Gericht. Fraglich ist jedoch, ob bei sinngemäßer Anwendung des Verbots der Mehrfachbestrafung auch den Vereins-/Verbandsinstanzen eine zweite Verfolgung einer bestimmten Tat untersagt ist. Auszugehen ist davon, dass auch im verbandsinternen Bereich ein Bedarf an Rechtsfrieden besteht. Der gleiche Lebenssachverhalt, der bereits zu einer Ahnung geführt hat, kann also nicht ein weiteres Mal verfolgt und bestraft werden. Dasselbe gilt übrigens auch dann, wenn ein Nationalverband wegen eines bestimmten Sachverhalts letztinstanzlich eine Strafe ausgesprochen hat und wegen desselben Vorgangs der entsprechende internationale Verband ebenfalls eine Strafe verhängt (für das dt Recht vgl LG München I, 17.5.1995, 7 HKO 16591/94, SpuRt 1995, 162 [167]).

DRITTER ABSCHNITT
VEREINE UND ORGANISATIONSRECHT

A. Einleitung

1. Allgemeines

Das VerG 2002 ist in sieben Abschnitte unterteilt. Der 1. Abschnitt des VerG 2002 unterscheidet sich von den übrigen Abschnitten dadurch, dass er die „Allgemeinen Bestimmungen" enthält. Diese enthalten insbesondere die Regelungen über den Vereinsbegriff, entscheidende Gründungsfragen sowie allgemeine Ausführungen zu den Statuten. Der 2. Abschnitt des VerG 2002 regelt die *„Entstehung des Vereins"*. Der 3. Abschnitt des VerG 2002 behandelt schließlich die Themen *„Vereinsregister und Datenverwendung"*. Im 4. Abschnitt des VerG 2002 finden sich Bestimmungen über die *„Vereinsgebarung"*, worunter auch die Rechnungslegung der Vereine zu verstehen ist. Der in der Praxis sehr relevante Bereich der Haftung des Vereins bzw der persönlichen Haftung der Organmitglieder wird im Abschnitt 5 des VerG 2002 behandelt. Der 6. Abschnitt des VerG 2002 widmet sich dem Themenkomplex der *„Beendigung des Vereins"*, insbesondere der Frage der Beendigung der Rechtspersönlichkeit des Vereines sowie die Fragen der Abwicklung. Schließlich enthält der 7. Abschnitt des VerG 2002 *„Straf-, Übergangs- und Schlussbestimmungen"*.

2. Fallbeispiele

2.1 Beispiel 11 („Fusion zweier Vereine")

Der Verein X spielte bis dato in der Steirischen Landesliga (vierthöchste Spielklasse in Österreich). Der Verein X hatte seinen statutarischen Sitz laut seinen Statuten in der Stadt G. Der Verein Y, welcher seinen statutarischen Sitz ebenfalls in der Stadt G hat und auch im selben Stadion wie der Klub X seine Meisterschaftsspiele austrägt, spielte bis zum jetzigen Zeitpunkt in der Unterliga Süd (sechsthöchste Spielklasse in Österreich). Nunmehr streben beide Vereine an, in Zukunft ihre Kampfmannschaften und die gesamte Nachwuchsarbeit, welche bis dato in einem „Nachwuchszentrum" konzentriert war, unter einem gemeinsamen Verein der Stadt G, nämlich dem neuen Verein Z, zusammenzuführen. Angestrebt wird der Spielbetrieb mit der Kampfmannschaft I in der Steirischen Landesliga. Die Kampfmannschaft II, die dem Leistungsaufbau und dem Heranführen junger Spieler an die Kampfmannschaft I dienen soll, würde auch nach der Fusion in der Unterliga Süd spielen. Die Zusammenführung der zwei Vereine in der Stadt G soll bewirken, dass die Spieler im Nachwuchsbereich und in den Kampfmannschaften in einem Verein konzentriert gefördert werden können. Neben diesem sportlichen Zweck sprechen jedoch auch finanzielle Aspekte der bisherigen Vereine X und Y für eine Zusammenlegung, wobei vor allem der Verein Y seit einiger Zeit mit finanziellen Problemen zu kämpfen hat. Nun stellte sich für die Vereinsverantwortlichen der Vereine X und Y sowie den Gemeindevertretern der Stadt G die Frage, in welcher Form die Zusammenlegung der Vereine X und Y am besten erfolgen sollte? Wie ist die Fusion von Vereinen im Regulativ für die dem ÖFB angehörigen Vereine und Spieler geregelt?

2.2 Beispiel 12 („Bildung einer Spielgemeinschaft")

Mit einem Kooperationsvertrag wurden zwischen zwei Vereinen, nämlich dem WAC und dem SK St. Andrä, folgende Kooperationsgemeinschaften bzw Spielgemeinschaften geschaffen: „WAC/SK St. Andrä", Kampfmannschaft I als Teilnehmer der Regionalliga Mitte sowie der „SK St. Andrä/WAC", Kampfmannschaft II als Teilnehmer der Kärntner Liga des KFV. Laut Vereinsregister handelt es sich nach wie vor jedoch um zwei getrennte Vereine. Einerseits existiert zu ZVR-Zahl 414811760 der „SK St. Andrä", andererseits besteht zu ZVR-Zahl 940089026 auch der „WAC". Durch den Kooperationsvertrag wurde auch die Rechtspersönlichkeit der beiden Vereine keineswegs verändert. Vielmehr wurden durch die Bezeichnungen WAC/SK St. Andrä bzw SK Andrä/WAC nur Mediennamen geschaffen. Ist die Bildung von Spielgemeinschaften im Fußball überhaupt verbandsrechtlich zulässig?

2.3 Beispiel 13 („Verkauf der Spiellizenz")

Der FC Pasching, damals Mitglied der tipp3-BL, beschloss in seiner Generalversammlung am 10.5.2007 die Verlegung seines Vereinssitzes nach Kärnten. Am 1.6.2007 erfolgte schließlich eine Umbenennung des FC Pasching in SK Austria Kärnten. Der Lizenzverkauf vom FC Pasching an den SK Austria Kärnten wurde von diesem mit einem Kaufpreis von EUR 3 Mio abgegolten. Mit einem Nachfolgeverein nahm der FC Pasching schließlich in der fünfthöchsten Spielklasse in Oberösterreich seinen Spielbetrieb im Amateurbereich auf, während der SK Austria Kärnten anstatt des FC Pasching an der tipp3-BL teilnahm. Ist ein derartiger Kauf einer Spiellizenz überhaupt zivil- sowie verbandsrechtlich möglich?

2.4 Beispiel 14 („ausgliedernder Verein")

Unter der ZVR-Zahl 863546484 ist im Vereinsregister der SK Sturm Graz (tipp3-BL) eingetragen. Laut ZVR verfügt der Verein über folgende organschaftliche Vertreter: einen Präsidenten, zwei Vizepräsidenten, einen Finanzvorstand sowie einen Finanzvorstandstellvertreter. De facto besteht das Leitungsorgan des Vereins noch aus zwei weiteren Mitgliedern, die allerdings im ZVR nicht aufscheinen. Neben dem ideellen Verein existiert schon seit längerer Zeit die „SK Sturm Wirtschaftsbetriebe GmbH", welche durch einen Geschäftsführer vertreten wird. Nunmehr überlegt das Leitungsorgan des Vereines eine Ausgliederung der Profi-Abteilung des SK Sturm Graz in eine Kapitalgesellschaft. Welche Möglichkeiten einer Ausgliederung gibt es und welche Vor- und Nachteile hat eine Ausgliederung der Profi-Abteilung grundsätzlich?

2.5 Beispiel 15 („freigabezusichernder Verein")

Der Spieler S war bis 30.6.2011 Amateurfußballspieler des Vereins X. Bereits im Juni 2010 wurde zwischen dem Obmann O des Verein X und dem Spieler S eine Vereinbarung folgenden Inhalts getroffen: *„Der Spieler S kann mit Ende der Saison 2010/11 (30.6.2011) ablösefrei in die tipp3-BL oder „Heute für Morgen" Erste Liga wechseln."* Am 8.7.2011 wurde der Spieler S durch den Verein Y, welcher bereits Mitglieder der ÖFBL war, für den Verein Y angemeldet. Seitens des Vereins X wurde an den Verein Y jedoch zu keinem Zeitpunkt eine Freigabe für den Spieler S gemäß § 8 Regulativ für die dem ÖFB angehörigen Vereine und Spieler erteilt. Vielmehr wurde mit Schreiben des Vereins S ein Einspruch gegen den bevorstehenden Wechsel des Spielers vom Verein X zum Verein Y beim StFV eingebracht. Dieser Einspruch des Vereins X wurde damit begründet, dass die Erteilung der kostenlosen Freigabe vom Juni 2010 mit Nichtigkeit behaftet ist. Dies deshalb, weil die kostenlose Freigabezusicherung des Vereins X an den Spieler S nur vom Obmann O des Vereins X unterschrieben worden sei, obwohl sich aus dem ZVR ergeben würde, dass schriftliche Ausfertigungen des Vereins X zu ihrer Gültigkeit in geldwerten Angelegenheiten der Unterschriften des Obmanns und des Kassiers bedürfen. Bei der Vereinbarung über die Erteilung der Freigabe vom Juni 2010 handelt es sich um eine geldwerte Angelegenheit, sodass diese grundsätzlich der Unterschriften des Obmanns O sowie Kassiers K des Vereins X bedurft hätten. Entfaltet diese Vereinbarung des Vereins X mit dem Spieler S, dass dieser Ende der Saison 2010/11 ablösefrei in die ÖFBL wechseln kann, trotz der Tatsache, dass diese Vereinbarung nur vom Obmann O des Vereins X gezeichnet wurde, Rechtswirksamkeit gegenüber dem Spieler S?

2.6 Beispiel 16 („Verein mit provisorischem Vorstand")

Der komplette Vorstand des Vereins V ist mit 10.6.2010 zurückgetreten. Im Zuge einer außerordentlichen Generalversammlung wurde ein vorläufiger Vorstand, bestehend aus Obmann, Kassier und Schriftführer, bestellt. Laut Statuten des Vereins V muss das Leitungsorgan jedoch aus 6 Mitgliedern, und zwar aus Obmann, Schriftführer und Kassier samt Stellvertretern, bestehen. Zwischen der Sachbearbeiterin der BH als zuständige Vereinsbehörde in erster Instanz und einem ehemaligen Mitglied des Leitungsorgans wurde vereinbart, dass im Oktober 2010 die Funktionen der Stellvertreter umgehend nachbesetzt werden sollten und der Vereinsbehörde anschließend darüber Mitteilung erstattet wird. Mit Schreiben der BH vom 17.2.2011 wurde der Obmann O des Vereins V nunmehr aufgefordert, bis spätestens 15.3.2011 bekanntzugeben, ob der Verein V seine Tätigkeit noch ausübt und wer die derzeitigen Mitglieder des Leitungsorgans des Vereins V sind. Ist die BH mit ihrem Schreiben im Recht?

2.7 Beispiel 17 („aus Obmann bestehender Verein")

Der Verein S besteht laut ZVR nur aus drei Organwaltern, nämlich einem Obmann, Kassier und Schriftführer. De facto arbeitet jedoch nur mehr der Obmann O des Vereins S für diesen und erledigt somit sämtliche Verwaltungsaufgaben des Vereins S alleine. Aufgrund der sehr prekären finanziellen Lage ist es für den Obmann O sehr schwierig, neue Mitglieder für das Leitungsorgan des Vereins S zu finden. Zwei Personen, nämlich X und Y, wären jedoch bereit, dem Vorstand des Vereins S beizutreten. Dies jedoch nur unter der Prämisse, dass sie keine Haftung im Außenverhältnis, also gegenüber den Gläubigern des Vereins S, übernehmen müssten und dies auch mit entsprechenden Haftungsfreistellungs- bzw Haftungsausschlussvereinbarungen abgesichert wird. Im Anschluss daran sollen die Personen X und Y dann als neue Organwalter anlässlich einer Generalversammlung bestellt werden. Der Rechtsanwalt R des Vereins S errichtet nun in weiterer Folge die Vereinbarungen für die Personen X und Y, wonach der Obmann als natürliche Person im Rahmen dieser Verträge erklärt, die Organwalter X und Y im Falle einer Inanspruchnahme dieser durch Gläubiger des Vereins S schad- und klaglos zu halten. Ist eine derartige Vereinbarung über eine Schad- und Klagloshaltung der neuen Organwalter X und Y seitens des Obmanns O mit dem VerG 2002 überhaupt vereinbar?

2.8 Beispiel 18 („haftungsresistente Organwalter eines Vereins")

Zwei Mitglieder des Vorstands, nämlich X und Y, des Vereins V haben in einer Tageszeitung gelesen, dass jedes Vorstandsmitglied eines Vereins dem Verein für einen eventuell eintretenden Schaden nach den Bestimmungen der §§ 1293 ff ABGB zu haften hat, wenn der Organwalter unter Missachtung der Sorgfalt eines ordentlichen und gewissenhaften Organwalters seine gesetzlichen oder statutarischen Pflichten oder rechtmäßige Beschlüsse eines zuständigen Vereinsorgans verletzt. Die Organwalter X und Y machen ihren weiteren Verbleib im Vorstand nunmehr davon abhängig, dass der Verein V mit ihnen eine Haftungsfreistellungs- bzw Haftungsausschlussvereinbarung dergestalt abschließt, dass sich dieser verpflichtet, gegenüber den Organwaltern X und Y den ausdrücklichen Verzicht zu erklären, die Vorstandsmitglieder X und Y bei einem eventuell beim Verein V eintretenden Schaden aus der Tätigkeit der Organwalter X und Y schadenersatzrechtlich in Anspruch zu nehmen. Wäre eine derartige Haftungsfreistellungsvereinbarung im Innenverhältnis zwischen dem Verein V und dem Vorstandsmitgliedern X und Y überhaupt rechtlich zulässig? Stellt sich in diesem Zusammenhang nicht auch das Rechtsproblem des „Insichgeschäfts" und was versteht man eigentlich darunter?

2.9. Beispiel 19 („undemokratische Verbandswahl")

Am 9.3.2012 erfolgte die Ordentliche Hauptversammlung des KFV. Schwerpunkt der Hauptversammlung war die Satzungsänderung sowie die Neuwahl des Leitungsorgans des KFV. Im Rahmen der Wahl des Präsidenten P des KFV kam es zu Unregelmäßigkeiten bei der Abstimmung. Zuerst wurde per Delegiertenkarte über den Präsidenten P abgestimmt, wobei der Präsident P lediglich 56 der notwendigen 73 Stimmen erreichte. Die seitens KFV beauftragten Stimmenzähler waren sich jedoch plötzlich über die Anzahl der für den Präsidenten P abgegebenen Stimmen nicht mehr sicher, sodass der Wahlausschuss-Vorsitzende des KFV auf eine andere Zählweise bestand. Im Rahmen dieser weiteren Abstimmung erreichte der Präsident P 83 Stimmen, welche für die Neubestellung reichten. Während dieser zweiten Abstimmung hatten sich jedoch viele Vereinsvertreter bereits am Buffet befunden, ohne Kenntnis, dass die Wahl des Präsidenten P bereits fortgesetzt worden ist. Aufgrund der undemokratischen Vorgangsweise des KFV bei der Wahl des Präsidenten P im Rahmen der Ordentlichen Hauptversammlung möchten nun einige Klubs die Wahl des Präsidenten P des KFV anfechten. Ist die Anfechtung der Wahl überhaupt möglich bzw aufgrund welcher Rechtsgrundlage könnte eine Anfechtung dieser Wahl erfolgen?

B. Gründung des Vereins

1. Errichtung und Entstehung des Vereins

In § 2 Abs 1 unterscheidet der Gesetzgeber bei der Gründung des ideellen Vereines zwischen der Errichtung und Entstehung. Dabei betrifft die Errichtung den „internen" Gründungsakt, nämlich die rechtsverbindliche Übereinkunft der Gründer, einen Verein mit bestimmter Zwecksetzung und Organisation ins Leben zu rufen sowie entsprechende Statuten als Verfassung des Vereins rechtswirksam zu vereinbaren (OGH 18.10.2007, 2 Ob 273/06w, EvBl 2008/34 = SZ 2007/159 = GeS 2007,436 = ecolex 2008/14 [*Wilhelm*] = Jus-Extra OGH-Z 4443 = RdW 2008/218 = HS 38.174 = HS 38.176). Die Entstehung des Vereines meint hingegen den „äußeren" Gründungsakt, durch den sich der ideelle Verein zum Rechtssubjekt bildet.

1.1 Errichtung des Vereins

Die Errichtung der Statuten des Vereines erfolgt durch die Gründer, sodass man die Statuten auch als „Gründungsvereinbarung" bezeichnen kann (§ 2 Abs 1 S 2). Partner der Gründungsvereinbarung können sowohl natürliche Personen als auch juristische Personen des Privatrechts sein (OGH 18.10.2007, 2 Ob 273/06w, EvBl 2008/34 = SZ 2007/159 = GeS 2007,436 = ecolex 2008/14 [*Wilhelm*] = Jus-Extra OGH-Z 4443 = RdW 2008/218 = HS 38.174 = HS 38.176). Da es weder einen „Einpersonenverein" geben kann noch ein Verein durch eine einzige Person („Einzelgründung") in das Leben gerufen werden kann, müssen zumindest zwei Gründer vorhanden sein. Das VerG 2002 schreibt nicht vor, dass diese Gründungsvereinbarung der

Schriftlichkeit bedarf. Der Grundsatz, dass die Statuten des Vereines in schriftlicher Form errichtet werden müssen (arg e contrario § 3 Abs 2 und 3), bedeutet noch lange nicht, dass auch die Gründungsvereinbarung der Schriftform bedarf. Vielmehr kann diese zwischen den Gründern mündlich getroffen werden. Dennoch dient es der Rechtssicherheit, die Gründungsvereinbarung sowie den Zeitpunkt ihres Abschlusses zu dokumentieren. In diesem Zusammenhang wird insbesondere eine Niederschrift über die Gründung des Vereines empfohlen. Die Errichtung des Vereines erfordert weiters keine Konstituierung des Vereines iSd Bestellung der Leitungsorgane. So können die organschaftlichen Vertreter des Vereines sowohl vor als auch nach der Entstehung des Vereines bestellt werden (§ 2 Abs 2), dh die Bestellung der Organwalter des Vereines gehört weder zu den notwendigen Voraussetzungen für die Errichtung des Vereines, noch zu den Voraussetzungen für die Entstehung.

1.2 Vorverein

Der im Werden begriffene Verein wird im Stadium zwischen der Gründungsvereinbarung und der endgültigen Entstehung des Vereins – angelehnt an den gängigen terminus technicus der Vorgesellschaft im Gesellschaftsrecht – als Vorverein bezeichnet (OGH 1.9.1993, 7 Ob 15/93, SZ 66/101 = wbl 1994, 57 = JBl 1994, 621 = ÖJZ-LSK 1994/22 = HS 24.369; 18.9.1990, 4 Ob 71/90, SZ 63/156 = JBl 1991, 784; 18.10.2007, 2 Ob 273/06w, EvBl 2008/34 = SZ 2007/159 = GeS 2007,436 = ecolex 2008/14 [*Wilhelm*] = Jus-Extra OGH-Z 4443 = RdW 2008/218 = HS 38.174 = HS 38.176). Das VerG 2002 geht von der Prämisse aus, dass dem noch nicht entstandenen ideellen Verein keinesfalls ein rechtsfähiger Vorverein vorgeschaltet ist (arg e contrario § 2 Abs 2 und 3). Der Vorverein ist also keineswegs Träger von Rechten und Pflichten. Die Gründer bzw sonstigen Vereinsmitglieder bilden in diesem Vorstadium des ideellen Vereines idR auch keine rechtsfähige Personengesellschaft (OG oder KG), in deren Namen rechtswirksame Handlungen getätigt werden könnten. Die Gründer bzw sonstigen in diesem Stadium handelnden Personen haben idR auch nicht die Absicht, im eigenen Namen Verträge schließen zu wollen, von denen sie hoffen, dass der rechtsfähige Verein dann in diese abgeschlossenen Verträge eintreten wird.

1.3 Entstehung des Vereins

Der ideelle Verein entsteht zum Zeitpunkt der Erlangung seiner Rechtsfähigkeit, welche dadurch erlangt wird, dass der Verein zur juristischen Person wird. § 2 Abs 1 legt fest, dass der ideelle Verein als juristische Person mit Ablauf der Frist gemäß § 13 Abs 1 entsteht. Die Bestimmung des § 13 Abs 1 S 1 lautet wie folgt: „*Ergeht binnen vier, im Fall einer Verlängerung gemäß § 12 Abs 3 binnen längstens sechs Wochen nach Einlangen der Errichtungsanzeige keine Erklärung gemäß § 12 Abs 1, so gilt das Schweigen der Vereinsbehörde als Einladung zur Aufnahme der Vereinstätigkeit.*" Mit Ablauf der Frist von vier bzw sechs Wochen (§ 13 Abs 1 S 1) ist der Verein als Rechtsperson entstanden. Gemäß § 13 Abs 2 ist es jedoch möglich, dass bereits vor Ablauf der Frist des § 13 Abs 1 S 1 eine bescheidmäßige „*Einladung zur Aufnahme der Tätigkeit des Vereines*" ergehen kann, sobald für die Vereinsbehörde keinerlei Anhaltspunkte vorliegen, die Vereinsgründung zu untersagen. Mit dem Zugang dieser Einladung in den Machtbereich des Vereines ist der Verein entstanden.

Diesem Verwaltungshandeln der zuständigen Bezirksverwaltungsbehörde als Vereinsbehörde in I. Instanz hat jedoch auf alle Fälle die Anzeige der Vereinserrichtung gemäß § 11 voranzugehen. Die Errichtung des Vereins (§ 2 Abs 1) ist der Vereinsbehörde von den Gründern oder den bereits bestellten organschaftlichen Vertretern unter Angabe ihres Namens, ihres Geburtsdatums, ihres Geburtsorts und ihrer für die Zustellung maßgeblichen Anschriften mit einem Exemplar der bereits errichteten Statuten anzuzeigen (§ 11 S 1). Diese Anzeige der Vereinserrichtung ist gemäß § 14 TP 6 Abs 1 GebG mit EUR 13,20 zu vergebühren, das Statutenexemplar ist pro Bogen mit EUR 3,60, höchstens jedoch EUR 21,80 zu vergebühren (§ 14 TP 5 Abs 1 leg cit).

C. Umbildung/-gründung des Vereins

Beim Begriff der Umwandlung/-gründung von Vereinen handelt es sich um rechtliche Vorgänge, die der Reorganisation oder Umstrukturierung von Vereinen als juristische Personen dienen. Besondere Formen der eine Abwicklung vermeidenden Umgründungen von Vereinen sind nur dann und insoweit rechtlich möglich, als der österreichische Gesetzgeber dementsprechende Regelungen vorgesehen hat. Wollen zwei Vereine bzw Verbände fusionieren, dann kann diese Verschmelzung nur so erfolgen, dass der übertragende Rechtsträger aufgelöst und abgewickelt wird und das Vermögen des aufgelösten Vereins/Verbands im Rahmen der Abwicklung auf den aufnehmenden Rechtsträger durch Einzelrechtsnachfolge übergeht. So sind dem VerG 2002 keine Sonderregelungen über Vereinsumgründungen bekannt, die unter einem Absehen einer Auflösung und Abwicklung des bisherigen Vereins möglich wären.

1. Möglichkeiten der Umbildung/-gründung

1.1 Bildung eines Zweigvereins

Gemäß § 1 Abs 4 gelten Zweigvereine als dem Hauptverein statutarisch nachgeordnete Vereine, die die Ziele des übergeordneten Hauptvereins mitzutragen haben. Sie verfügen jedoch über organisatorische und finanzielle Selbständigkeit. Zweigvereine können eigene Aktivitäten entfalten, eigene Mitglieder haben und ihre Organträger selbst bestimmen. Weiters gelten sie als juristische Personen iSd § 26 ABGB und können somit eigenständige Träger von Rechten und Pflichten sein. Ein Hauptverein kann mehrere Zweigvereine haben, jedoch kann auch der Zweigverein seinerseits ebensolche haben. Das mögliche Ausmaß des Einwirkens des Hauptvereins auf den Zweigverein richtet sich grundsätzlich nach den Statuten des Zweigvereins, wobei de facto meistens der Hauptverein die inhaltliche Gestaltungsmacht über die Statuten seines Zweitvereins innehat. Ein Zweigverein steht notwendigerweise in einem gewissen, in seinen Statuten und in den Statuten des Hauptvereins festgelegten organisatorischen Abhängigkeitsverhältnis zum Hauptverein. Die Integrierung in die Organisation des Hauptvereins setzt voraus, dass der gesetzte und verfolgte Zweck des Zweigvereins mit demjenigen des Hauptvereins übereinstimmt. Ein charakteristisches Merkmal der Rechtskonstruktion des Zweigvereins ist die Mehrfachmitgliedschaft der Mitglieder, man spricht von sog „gestuften Mitgliedschaften". Hat bspw ein Verein einen Zweigverein, so hat der Eintritt eines Mitglieds in einen solchen automatisch die Vereinsmitgliedschaft zum Hauptverein zur Folge. Der Zweitverein muss grundsätzlich nicht Rechtsträger eines eigenen Vermögens sein. Findet sich jedoch in der Satzung des Hauptvereins hinsichtlich der Vermögensträgereigenschaft keine Regelung, so erwirbt der Zweigverein kein eigenes Vermögen, sodass als Erwerber alleine der Hauptverein gilt. Bevor überhaupt an die Schaffung eines Zweigvereins gedacht werden kann, ist es erforderlich, dass die Statuten des Hauptvereins entweder die Möglichkeit der Bildung von Zweigvereinen vorsehen oder diese aber aus Anlass der beabsichtigten Zweigvereinsgründung entsprechend abgeändert werden.

1.2 Verschmelzung (Fusion)

Das VerG 2002 enthält keine besonderen Vorschriften, auf welche Art eine Verschmelzung bzw Fusion zweier oder mehrerer Vereine zu einem Verein funktionieren sollte. Wollen zwei Vereine fusionieren, so ist primär zu entscheiden, welcher der beiden Vereine „sterben" soll. Derjenige Verein sollte bestehen bleiben, der über mehr Vermögen verfügt. Wie bereits im Dritten Abschnitt unter Pkt C erörtert wurde, ist dem VerG 2002 eine Fusion im technischen Sinne, nämlich ein unmittelbar die Gesamtrechtsnachfolge bewirkender Vorgang, gänzlich unbekannt.

1.2.1 Verschmelzung durch Aufnahme

Der eine Verein löst sich freiwillig durch Abwicklung auf und überträgt sein Vermögen dem anderen Verein, mit dem er sich zusammenschließen will, während der andere Verein in der Regel eine Namensänderung vornehmen wird. Die ehemaligen Mitglieder des aufgelösten Vereines treten dem umgebildeten Verein bei. Nachdem die Vorstände der beiden Vereine von ihren Mitgliederversammlungen den Auftrag erhalten haben, die Verschmelzung vorzubereiten, muss von den Vereinen zuerst ein Verschmelzungsvertrag, der formfrei ist, erarbeitet werden. Die rechtliche Bedeutung des Verschmelzungsvertrags liegt darin, dass er vorbehaltlich der Zustimmung durch die Mitgliederversammlungen der beteiligten Vereine diejenigen Bedingungen verbindlich festlegt, unter denen die Fusion stattfindet. Der Verschmelzungsvertrag ist ein dem bürgerlichen Recht unterliegender Vertrag. Soweit er die wechselseitigen Leistungsverpflichtungen begründet, stellt er das Verpflichtungsgeschäft dar. Der Abschluss des Verschmelzungsvertrags erfolgt zwischen den zu verschmelzenden Vereinen, vertreten durch die jeweils zeichnungsberechtigten Vereinsorgane. Voll wirksam wird der Vertrag erst durch die Zustimmungen der Mitgliederversammlungen der Vereine. Der Verschmelzungsvertrag hat zu beinhalten, dass das Vermögen des übertragenden Vereins im Rahmen der Abwicklung auf den übernehmenden Verein übergeht. Unbedingt notwendig ist, dass im Verschmelzungsvertrag ausgeführt wird, dass dies im Wege der Einzelrechtsnachfolge erfolgt, da sich dies aus der österreichischen Rechtsordnung nicht ergibt. Der Verschmelzungsvertrag hat weiters die Frage zu behandeln, zu welchen Bedingungen die Mitglieder des übertragenden Vereins Mitglieder des übernehmenden Vereins werden. Im Vertrag kann schließlich auch enthalten sein, ob beim übernehmenden Verein Satzungsänderungen erforderlich werden, insb bezüglich der Übernahme einzelner Mitglieder des Vorstands des übertragenden Vereins in den Vorstand des übernehmenden Vereins.

1.2.2 Verschmelzung durch Neugründung

Bei der Verschmelzung durch Neugründung kommt als übernehmender Verein nicht ein bereits bestehender Verein in Betracht, sondern ein von den an der Verschmelzung beteiligten Vereinen neu gegründeter Verein. Dies ist die einzige Abweichung im Vgl zur – bereits im Dritten Abschnitt unter Pkt C 1.2.1 beschriebenen – Verschmelzung durch Aufnahme. Es wird also ein neuer Verein gebildet und anschließend lösen sich beide Vereine, welche sich zusammenschließen wollen, freiwillig – mit Abwicklung – auf und übertragen dem neuen Verein ihr Vermögen. Die ehemaligen Mitglieder der beiden aufgelösten Vereine treten dem neuen Verein dann bei. Wenn beabsichtigt wird, dem neuen Verein den Namen eines der bisherigen Vereine zu geben, wäre dieser zuerst aufzulösen, um der Bestimmung des § 4 Abs 1 (Verwechslungsgefahr!) gerecht zu werden. Auch hier ist ein Verschmelzungsvertrag zu errichten. Entweder im Verschmelzungsvertrag oder gesondert muss die Satzung für den neuen Verein errichtet werden. Der neue Verein ist schließlich gemäß § 2 Abs 1 iVm § 11 Abs 1 S 1 der Vereinsbehörde anzuzeigen, während die beiden aufgelösten Vereine durch die Eintragung der Mitteilung der Auflösung an die Vereinsbehörde bzw – falls erforderlich – der Eintragung der Abwicklung ihre Rechtspersönlichkeiten verlieren (§ 27).

1.2.3 Verschmelzung durch Aufnahme eines Zweigvereines

Der eine Verein wird aufgrund entsprechender Umbildung Zweigverein des anderen Vereines, der sich allenfalls auch umbilden muss. Die Umgründung erfolgt dergestalt, dass der Hauptverein entsprechend umgebildet wird, dass er nunmehr die Bildung von Zweigvereinen zulässt. Bezogen auf das – im Dritten Abschnitt unter Pkt A 2.2 beschriebene Beispiel 12 („Bildung einer Spielgemeinschaft") – würde das Folgendes bedeuten: Die Vereine „WAC/SK St. Andrä" sowie der „SK St. Andrä/WAC" sind zwei komplett getrennte, vollkommen selbständige Vereine mit jeweils eigener ZVR-Zahl. Zwischen diesen beiden Vereinen existierte jedoch eine Kooperationsvereinbarung. Durch eine Änderung der Statuten beider Vereine und entsprechender Beschlüsse der jeweiligen Mitgliederversammlungen könnte der Verein

„SK St. Andrä" schließlich im Wege einer Verschmelzung zum Zweigverein des Hauptvereins „WAC" umgestaltet werden.

1.3 Spaltung

Das VerG 2002 enthält weiters keine Bestimmungen über eine mögliche Spaltung von Vereinen. Unter einer Spaltung versteht man die Teilung und Übertragung des Vermögens eines Vereins im Wege der Einzelrechtsnachfolge auf einen oder mehrere im Rahmen der Spaltung neu zu gründende Vereine (Spaltung zur Neugründung) oder auf einen oder mehrere bereits bestehende Vereine (Spaltung zur Aufnahme). Dem VerG 2002 ist die Möglichkeit der Spaltung eines Vereins vollkommen fremd. In Betracht kommen mE jedoch folgende – durch analoge Anwendung der Bestimmungen des SpaltG – gewonnene Möglichkeiten einer Spaltung von Vereinen:

1.3.1 Aufspaltung zur Neugründung

Ein übertragender Verein wird mit oder ohne Abwicklung beendet, gleichzeitig werden alle Vermögensteile im Wege der Einzelrechtsnachfolge auf einen dadurch gegründeten neuen Verein bzw mehrere Vereine übertragen. Dabei erlischt der übertragende Verein. Als Rechtsgrundlage dient die analoge Anwendung der Bestimmung des § 1 Abs 2 Z 1 Var 1 iVm § 2 SpaltG. Für die Durchführung ist ein Spaltungsplan notwendig, der den Namen und den Sitz des übertragenden Vereins sowie die Satzungen der jeweils beteiligten Vereine anzugeben hat. In der Praxis des Vereinslebens spielt diese Konstruktion mE keine große Rolle.

1.3.2 Aufspaltung zur Aufnahme

Ein übertragender Verein wird mit oder ohne Abwicklung beendet und gleichzeitig werden alle seine Vermögensteile auf einen bereits bestehenden Verein übertragen (§ 1 Abs 2 Z 1 Var 2 iVm § 17 leg cit per analogiam). Auch diese Gestaltungsvariante spielt im Vereins- bzw Verbandsrecht nur eine untergeordnete Rolle.

1.3.3 Abspaltung zur Neugründung

Unter Fortbestand des übertragenden Vereines erfolgt die Übertragung eines oder mehrerer Vermögensteile des übertragenden Vereines auf einen oder mehrere dadurch neu gegründete(n) Verein(e) (§ 1 Abs 2 Z 2 Var 1 iVm § 2 leg cit per analogiam).

1.3.4 Abspaltung zur Aufnahme

Unter Fortbestand des übertragenden Vereines erfolgt durch analoge Anwendung der Bestimmung des § 1 Abs 2 Z 2 Var 2 iVm § 2 leg cit die Übertragung eines oder mehrerer Vermögensteile des übertragenden Vereines auf einen oder mehrere bereits bestehende(n) Verein(e). Die Konstruktion der Abspaltung zur Aufnahme würde sich in concreto insb dann eignen, wenn eine Spiellizenz als Vermögenswert von einem Verein auf einen anderen, neu gegründeten Verein, übertragen werden sollte. Wiederum ausgehend von dem im Dritten Abschnitt unter Pkt A 2.2 beschriebenen Beispiel 12 („Bildung einer Spielgemeinschaft") wäre im Rahmen der Abspaltung zur Aufnahme folgende Umbildung denkbar: Der „SK St. Andrä", welcher bis dato Mitglied des KFV war, stellt an die ÖFBL den Antrag auf Erteilung der Spiellizenz für die Teilnahme an den Bewerben der ÖFBL: De facto wollte aber nicht der „SK St. Andrä" an den Bewerben der ÖFBL teilnehmen, sondern der „WAC", der als Trägerverein des „WAC/SK St. Andrä" auch sportlich den Meistertitel der RLM erreicht hat und somit auch aufstiegsberechtigt war. Um die Teilnahme des „WAC" an den Bewerben der ÖFBL durch eine rechtmäßige, zulässige vereinsrechtliche Konstruktion zu erreichen, wäre es nun möglich, dass der „SK St. Andrä" als Lizenzwerber die Spiellizenz als Vermögenswert auf den „WAC" überträgt. Beide Vereine bleiben weiter bestehen, wobei der „WAC" durch Umbildung an den Bewerben der ÖFBL teilnimmt und der „SK St. Andrä" weiterhin an der Kärntner Liga des KFV teilnimmt.

1.4 Ausgliederung

Unter dem Begriff der Ausgliederung versteht man die Übertragung des Vermögens eines Vereins auf eine 100%ige Tochtergesellschaft. Die Rechtsform des Vereines erweist sich jedoch dann nicht als optimal, wenn der Verein größere Wirtschaftsunternehmen betreibt. Dem Verein steht es grundsätzlich frei, welche Rechtsform er für eine Ausgliederung wählt. Im Bereich der Kapitalgesellschaften kommen die AG und die GmbH für eine Ausgliederung in Frage. Sollte für die Ausgliederung eine Personengesellschaft angestrebt werden, so stehen die OG, KG sowie die GesbR zur Verfügung. Als Mischform wäre auch die GmbH & Co KG denkbar. Schließlich könnte die Ausgliederung auch in Form der Gründung einer Genossenschaft, Privatstiftung, Stillen Gesellschaft, EWIV sowie überhaupt einer ausländischen Gesellschaft erfolgen.

D. Verbindliches Recht eines Vereins

1. Vereinsstatuten

Jede juristische Person bedarf einer Satzung, die ihr Innenleben als auch ihr Auftreten gegenüber Dritten regelt. Was bei den Gesellschaften der Gesellschaftsvertrag ist, sind bei einem Verein seine Statuten. Die Statuten eines Vereins legen seine Organisation verbindlich fest, dh sie stellen als Organisationsregeln die Verfassung des Vereins dar. Aufgrund der im Vereinsrecht sehr geringen Regelungsdichte kommt den Statuten eine besondere Bedeutung zu. Die Statuten müssen von den Verfassern nicht notwendigerweise auch so bezeichnet werden. Sie können ebenso als Satzung, Vereinsverfassung sowie Regulativ bezeichnet werden.

1.1 Rechtsnatur

Nach der hL sowie stRsp des OGH sind Satzungen eines Vereins oder Verbands privatrechtliche (Gesellschafts-)Verträge (vgl OGH 9.11.1978, 6 Ob 727/78, SZ 51/154 = JBl 1981, 212 [*Bydlinski*]). Die Satzung stellt einen multilateralen Vertrag dar, weil idR mehr als zwei Personen an ihr beteiligt sind. Da die Satzungen als Verträge des Privatrechts gelten, wird ihre Verbindlichkeit durch staatliches Recht begrenzt.

1.2 Willensmängel, Inhaltskontrolle und Auslegung

Die durch einen Gründer zur Vereinsgründung abgegebene Willenserklärung kann wegen List und Zwang (§ 870 ABGB) sowie Irrtums (§§ 871 ff leg cit) angefochten werden. Die Anfechtung berührt die Wirksamkeit der Vereinsgründung jedoch nicht, außer es bleibt nur mehr ein Gründer übrig. Die Nichtigkeit einer Satzung kann zur Löschung des Vereins im Vereinsregister führen. Dies va dann, wenn die Nichtigkeit das Fehlen einer für die Registereintragung wesentlichen Satzungsbestimmung betrifft. Die Nichtigkeit einer oder einzelner Bestimmungen der Statuten führt aber grundsätzlich noch nicht zur Nichtigkeit der gesamten Statuten. Unwirksame oder undurchführbare Regelungen werden dann durch die dispositiven Bestimmungen des VerG 2002 ersetzt bzw ergänzt.

Gemäß § 3 Abs 1 S 1 ist einem Verein bzw Verband freigestellt, wie die Satzung ausgestaltet wird. Dies jedoch unter dem Vorbehalt, dass der Verein bei der Erstellung der Statuten an nationales Gesetzesrecht gebunden ist, dh die Statuten dürfen nicht gegen zwingendes Recht sowie gegen die guten Sitten verstoßen. Im VerG 2002 findet sich somit eine eindeutige Regelung, wieweit die Vereins-/Verbandsautonomie reichen kann. Statuten weisen große Ähnlichkeit mit AGB auf, sodass es naheliegt, die Geltungs- und Inhaltskontrolle von AGB auch auf Statuten zur Anwendung zu bringen. Geschäftsabschlüsse unter Zugrundelegung von AGB sind durch ein Ungleichgewicht zwischen den Parteien des Vertrags geprägt. Dies ist auch bei Statuten der Fall, für welche auch eine einseitige Ausgestaltung eines Rechtsverhältnisses zwischen Verein/Verband und dem Mitglied charakteristisch ist. Im Vgl zu den AGB enthalten Statuten jedoch keine Bestimmungen bezüglich Rechte und Pflichten aus dem Leistungsverhältnis, sondern organisationsrechtliche Regelungen. Die hL wendet die für die AGB geltende Geltungs- und Inhaltskontrolle analog auch auf Satzungen an. Auch vom OGH werden Satzungsbestimmungen wie AGB behandelt (vgl OGH 26.4.1989, 3 Ob 512/89, JBl 1990, 413 = ZVR 1989/186; 13.9.2001, 6 Ob 16/01y, JBl 2002, 178 = ecolex 2002, 86 [mit Anm *Leitner*]).

Bezüglich der Auslegung von Statuten ist auszuführen, dass Statuten grundsätzlich so auszulegen sind, wie sie vernünftige und redliche Mitglieder verstehen können, dh objektiv. Im Einzelfall kann jedoch auch die Unklarheitenregel gemäß § 915 ABGB zur Anwendung gelangen, dh sind die Statuten mehrdeutig, so ist jener Deutung der Vorzug zu geben, die dem Verein und nicht dem einzelnen Mitglied nachteilig ist. Weiters werden gemäß § 864a leg cit Bestimmungen ungewöhnlichen Inhalts nicht zum Bestandteil der Statuten, wenn sie nachteilig sind und das Vereinsmitglied – nach dem äußeren Erscheinungsbild des Textes der Statuten – nicht damit rechnen braucht, dass die Bestimmung Inhalt wurde. Dies gilt allerdings nur unter der Einschränkung, dass das Vereinsmitglied nicht explizit darauf hingewiesen wurde. Gemäß § 1 Abs 5 KSchG sind die Bestimmungen des I. und des II. Hauptstückes des KSchG auf den Beitritt und die Mitgliedschaft bei Vereinen nur dann anzuwenden, wenn diese von ihrer Mitgliedern zwar Mitgliedsbeiträge bzw sonstige geldwerte Leistungen fordern, ihnen im Gegenzug aber nur eingeschränkte Mitgliedschaftsrechte einräumen und die Mitgliedschaft rein privater Natur ist. In diesem Falle gilt auch im Rahmen der Auslegung von Statuten das Transparenzgebot gemäß § 6 Abs 3 leg cit.

1.3 Mindestinhalt der Statuten

In § 3 Abs 2 findet sich eine taxative Aufzählung der Regelungsgegenstände, über welche die Statuten jedenfalls zu verfügen haben. Gemäß § 3 Abs 2 Z 1 bis 11 müssen die Satzungen eines Vereines folgende Mindestinhalte umfassen:

* Vereinsname (Z 1),

* Vereinssitz (Z 2),

* Vereinszweck (Z 3),

* Vereinstätigkeiten und deren Finanzierung (Z 4),

* Erwerb und Ende der Mitgliedschaft im Verein (Z 5),

* Rechte und Pflichten der Vereinsmitglieder (Z 6),

* Organe des Vereins und ihre Aufgaben (Z 7),

* Bestellung der Organe und Funktionsperiode (Z 8),

* Erfordernisse für die gültige Beschlussfassung durch die Vereinsorgane (Z 9),

* Schlichtung von Streitigkeiten aus dem Vereinsverhältnis (Z 10) sowie

* freiwillige Auflösung des Vereins und Verwertung des Vereinsvermögens (Z 11).

1.3.1 Vereinsname

Der Name ist die Bezeichnung, unter der sich die Mitglieder versammeln und als Verein im Rechtsverkehr auftreten, er hat also Kennzeichnungs-, Ordnungs- und Unterscheidungsfunktion. Der Vereinsname gilt als wesentlicher Bestandteil der Satzungen. Gemäß § 4 Abs 1 S 1 muss der Name des Vereins einen Schluss auf den Vereinszweck zulassen und darf weiters nicht irreführend sein. Vereine dürfen in ihrem Namen keine Ausdrücke enthalten, die gesetzlich verboten sind (vgl VfGH 3.3.1965, B 227/64, VfSlg 4.936; 9.3.1959, B 274, 308/58, VfSlg 3.497). Weiters sind auch Vereinsnamen, die gegen die guten Sitten verstoßen, unzulässig. Der Vereinsname darf auch dem Irreführungsverbot gemäß § 4 Abs 1 S 1 nicht entgegenstehen. Enthält bspw der Verein in seinem Namen eine Jahreszahl, die den Eindruck erweckt, der Verein wäre wesentlich älter als er tätsächlich ist, so ist dies irreführend (vgl VfGH 10.3.1959, B 209/58, VfSlg 3.499 = ÖBl 1960, 29). Wird nunmehr ein Vereinsname gewählt, der der Bestimmung des § 4 Abs 1 nicht entspricht, so kann dies dazu führen, dass die Gründung des Vereins nicht gestattet wird (vgl VfGH 14.6.1979, B 378/78, VfSlg 8.567; 4.10.1977, B 322/76, VfSlg 8.141).

1.3.1.1 Schutz des Vereinsnamens

Das Recht, einen bestimmten Namen zu führen, gilt als Persönlichkeitsrecht (§ 43 ABGB). Auch der Vereinsname genießt somit einen rechtlichen Schutz (vgl OGH 26.1.1933, 2 Ob 1227/32, SZ 15/18; 18.11.2003, 4 Ob 108/03s). Nicht nur der offizielle Vereinsname ist geschützt, sondern auch die gebräuchliche Kurzbezeichnung. Neben dem namensrechtlichen Schutz des Vereins gemäß § 43 leg cit, ist der Name des Vereins noch durch weitere Sondervorschriften geschützt. Wird bspw der Vereinsname auch als Marke eingetragen, so genießt er Schutz nach dem MuSchG. Zusätzlich sind Vereinsnamen auch nach den Vorschriften des UWG geschützt. Der Verein kann sein eigenes Namensrecht mit Unterlassungsklage, allenfalls auch durch Erhebung einer Schadenersatzklage Geltung verschaffen.

1.3.2 Vereinssitz

Auch die Angabe des Vereinssitzes ist ein wesentlicher Bestandteil der Statuten. Der Sitz eines Vereins entspricht in seiner rechtlichen Bedeutung dem Wohnsitz einer natürlichen Person. Das VerG 2002 findet nur auf solche Vereine Anwendung, deren Sitz sich im Inland befindet (arg e contrario § 4 Abs 2 S 1). Als Vereinssitz gilt der Ort, wo sich die Hauptverwaltung des Vereins, dh von dem aus das Leitungsorgan die Vereinstätigkeit hauptsächlich organisiert, befindet (§ 4 Abs 2 S 2). Als Sitz des Vereins muss in der Satzung ein bestimmter Ort im österreichischen Bundesgebiet angegeben werden (§ 3 Abs 2 Z 2; vgl VfGH 23.6.1989, B 519/89, VfSlg 12.109). Dafür empfiehlt sich in der Praxis, nur den Namen der betreffenden Gemeinde anzuführen, nicht jedoch die genaue Adresse. Dies va aus dem Grunde, um bei einer Adressänderung die Formalitäten einer Sitzverlegung zu vermeiden.

Auch Zuordnungsprobleme könnten entstehen. Dies wäre dann möglich, wenn der Verein seine tatsächliche Hauptverwaltung nicht an einem einzigen Ort unterhält, sondern auf mehrere Orte verteilt hat. In diesem Fall wäre es möglich, sich an jenen Ort zu orientieren, in welchem die Mehrheit der Mitglieder des Leitungsorgans ihren Wohnsitz oder ständigen Aufenthaltsort haben. Dieser Lösungsansatz ist mE ein wenig praxisfremd. In diesem Fall sollte sich mE der Vereinssitz nach dem Wohnort des Obmanns, bei dem idR auch die eigentliche Verwaltungsarbeit liegt, richten. Die Wahl des Vereinssitzes darf auch nicht rechtsmissbräuchlich erfolgen. Dies ist bspw dann der Fall, wenn der Vereinssitz rein fiktiv bestimmt wird, der Verein somit zu diesem Ort keinerlei Bezug hat, dort keinerlei Tätigkeit entfaltet und dort postalisch auch nicht erreichbar ist. Das Fehlen der Angabe eines Sitzes in den Statuten bewirkt die Nichtigkeit der Konstituierung des Vereins. Ein Verein gilt aber auch mangels eines tatsächlichen erkennbaren und ständigen Vereinssitzes als rechtswidrig.

1.3.2.1 Sitzverlegung

In der Wahl des Sitzes bzw in weiterer Folge der Verlegung des Sitzes ist der Verein weitestgehend frei. Die Verlegung des Vereinssitzes erfordert eine entsprechende Änderung der Satzung. Eine Sitzverlegung kann somit nicht vom Leitungsorgan bestimmt werden, sondern bedarf vielmehr eines Statutenänderungsbeschlusses durch die Mitgliederversammlung des Vereins. Weiters muss der Verein auch seinen Ort der Hauptverwaltung an den anderen Ort verlegen. Ändert die tatsächliche Hauptverwaltung jedoch lediglich ihre bisherige Adresse, dh bleibt im Bereich jenes Ortes, den der Verein in seinen Statuten als Vereinssitz festgelegt hat, so liegt keine Sitzverlegung, sondern nur eine Adressänderung vor.

1.3.3 Vereinszweck

Der Zweck des Vereins ist das die Mitglieder in der Vereinigung verbindende Interesse, auf welches die Vereinstätigkeit ausgerichtet ist. Der Vereinszweck prägt den Charakter des Vereins. Die Satzungen müssen auch den Vereinszweck definieren. Dabei handelt es sich um einen bestimmten, gemeinsam Zweck (§ 1 Abs 1 S 1 iVm § 3 Abs 2 Z 3). In den Statuten darf der Vereinszweck nicht „verschwommen" dargestellt werden, dh er muss bestimmt umschrieben sein (vgl VfGH 12.3.1982, B 522/80, VfSlg 9.364). Sämtliche Vereinszwecke sind taxativ darzustellen, eine beispielhafte Aufzählung ist somit keineswegs ausreichend. Der Zweck des Vereins darf auch nicht rechtswidrig sein (arg e contrario „im Rahmen der Gesetze", § 3 Abs 1).

1.3.4 Vereinstätigkeiten und ihre Finanzierung

Auch die genauen Tätigkeiten des Vereins müssen in den Statuten taxativ dargestellt werden. Betreibt der Verein weitere Tätigkeiten, die in den Statuten keinerlei Deckung finden, so ist dies für eine Auflösung des Vereins bereits ausreichend (vgl VfGH 3.7.1965, B 256/64, VfSlg 5.032). Dies gilt auch dann, wenn sich diese Betätigung im Rahmen des definierten Vereinszwecks bewegt. Jeder Verein benötigt finanzielle Mittel zur Erreichung des Vereinszweckes, wie zB Mitgliedsbeiträge ordentlicher/außerordentlicher Mitglieder, Erträge aus Sammlungen, Gelder aus Sponsoring, Subventionen usw. Die Aufzählung der Formen der Finanzierung in den Statuten gilt als taxativ, sodass eine Überschreitung eine Statutenwidrigkeit darstellt, die schließlich zu einer Auflösung des Vereins führen kann (vgl VfGH 3.7.1965, B 256/64, VfSlg 5.032).

1.3.5 Erwerb und Ende der Mitgliedschaft

Die Statuten des Vereins haben festzulegen, auf welche Weise die Mitgliedschaft erworben und auch wieder beendet werden kann. Vereinsmitglieder sind die dem Verein angehörenden natürlichen und juristischen Personen des Privatrechts oder öffentlichen Rechts, die sich mit ihrem Beitritt der Satzung des Vereins unterwerfen und dadurch Mitgliederrechte und -pflichten erwerben. Der Verein ist als juristische Person auf einen immer wieder wechselnden Mitgliederbestand angelegt, dh er besteht unabhängig vom Wechsel der Mitglieder.

1.3.6 Rechte und Pflichten der Mitglieder

Grundsätzlich ist es den Statuten vorbehalten, in diesen die Rechte und Pflichten der Mitglieder festzulegen. Dabei können für unterschiedliche Arten der Mitgliedschaft auch unterschiedliche Rechte und Pflichten vorgesehen werden, doch im Zweifel sind alle Mitglieder gleich zu behandeln (vgl OGH 29.1.1985, 1 Ob 712/84, GesRZ 1985, 38 = SZ 58/15). Für die Praxis empfiehlt es sich, die Mitgliedschaftsrechte und -pflichten im Sinne eines Rechtsfriedens einer möglichst genauen statutarischen Regelung zuzuführen. Als klassische Rechte der Vereinsmitglieder gelten die Mitwirkungsrechte, Informationsrechte und das Recht auf Bezug von Leistungen gegenüber dem Verein (vgl Dritter Abschnitt Pkt E. 2.1). Die Einhaltung der Statuten sowie die Zahlung von Mitgliedsbeiträgen von den Mitgliedern zählen hingegen zu den wichtigsten Pflichten der Mitglieder (vgl Dritter Abschnitt Pkt E. 2.2).

1.3.7 Organe des Vereins und deren Aufgaben

Aufgrund der Tatsache, dass ein ideeller Verein eine juristische Person darstellt, kann der Verein nur durch seine von den Mitgliedern bestellten Organwalter handeln. Aus diesem Grund findet sich in § 3 Abs 2 Z 7 die Bestimmung, dass die Organe des Vereins und ihre Aufgaben in den Statuten verpflichtend festzulegen sind. Gemäß §§ 5 und 8 muss ein Verein zumindest über folgende Organe verfügen:

- Mitgliederversammlung (§ 5 Abs 1),

- Leitungsorgan (§ 5 Abs 1),

- Rechnungsprüfer bzw Abschlussprüfer (§ 5 Abs 5 S 1) sowie

- Streitschlichtungseinrichtung (§ 8 Abs 1 S 1).

1.3.8 Art der Bestellung der Organe und Dauer der Funktionsperiode

Nur die Mitgliederversammlung (Generalversammlung) bedarf keiner Bestellung. Weiters hat die Mitgliederversammlung auch keine Funktionsperiode. Das Leitungsorgan, die Rechnungsprüfer sowie Mitglieder der Schlichtungseinrichtung werden bestellt. Organeigenschaft kommt nur der Mitgliederversammlung und dem Leitungsorgan zu (§ 5 Abs 1). Die Rechnungsprüfer bzw Abschlussprüfer sowie die Mitglieder der Schlichtungseinrichtung besitzen aber keineswegs Organstellung (arg e contrario § 5 Abs 1 iVm § 5 Abs 5 S 1).

1.3.9 Erfordernisse für gültige Beschlussfassungen durch die Organwalter

Was die Beschlussfassung betrifft, so müssen die Satzungen gemäß § 3 Abs 2 Z 9 die entsprechenden Erfordernisse für gültige Beschlussfassungen enthalten. Je genauer diese Erfordernisse geregelt sind, desto eher lassen sich Streitigkeiten vermeiden. Nur diejenigen Vereinsorgane, die auch ordnungsgemäß einberufen und gehörig zusammengesetzt waren, können gültige Beschlüsse fassen. Beschlüsse, welche statutarischen Regelungen entgegenstehen, sind deshalb noch nicht rechtsunwirksam, sofern sie nur von einem zuständigen Organ und keinem „Nichtorgan" getroffen worden sind. Derartige Beschlüsse sind gemäß § 7 lediglich anfechtbar.

1.3.10 Schlichtung von Streitigkeiten aus dem Vereinsverhältnis

Gemäß § 3 Abs 2 Z 10 iVm § 8 ist in den Statuten zwingend vorzusehen, dass Streitigkeiten aus dem Vereinsverhältnis vor einer Schlichtungseinrichtung auszutragen sind. Die Streitschlichtungseinrichtung dient der außergerichtlichen vereinsinternen Beilegung von Vereinsstreitigkeiten. Sowohl rechtliche als auch sonstige Vereinsstreitigkeiten erfahren ihre Bereinigung vor dieser Schlichtungsstelle. Diese vereinsinterne Schlichtungsmöglichkeit wird umgangssprachlich oft auch als „Vereinsschiedsgerichtsbarkeit" bezeichnet. Bei der Schlichtungsstelle handelt es sich jedoch um kein Schiedsgericht iSd §§ 577 ff ZPO.

1.3.11 Freiwillige Vereinsauflösung und Verwertung des Vereinsvermögens

Da die Gründung eines Vereins auf freiwilliger Basis beruht, kann dieser auch wieder aus freien Stücken aufgelöst werden. Gemäß § 3 Abs 1 Z 11 haben die Statuten eines ideellen Vereins verpflichtend Bestimmungen über die freiwillige Auflösung und die Verwertung des Vereinsvermögens im Fall einer solchen Auflösung zu enthalten. So ist bspw festzulegen, wem das nach Abdeckung der Passiva verbleibende Vermögen des Vereins zukommen soll. Die freiwillige Auflösung findet in der Bestimmung des § 28 Abs 1 ihren rechtlichen Niederschlag. Der Verein ist verpflichtet, der Vereinsbehörde innerhalb von 4 Wochen die freiwillige Auflösung und – falls Vermögen vorhanden ist – das Erfordernis der Abwicklung mitzuteilen (§ 28 Abs 2). Der Austritt sämtlicher Mitglieder des Vereins ist als freiwillige Auflösung des Vereins zu deuten (vgl OGH 20.1.2004, 4 Ob 239/03f).

1.4 Zweckmäßiger Inhalt der Statuten

Hinsichtlich des Vereinsnamens besteht, solange er nicht Anlass zu Verwechslungen und Irreführungen geben könnte, grundsätzlich freie Wahl. Beim Tätigkeitsbereich ist für die Praxis zu empfehlen, diesen breit zu definieren, also zB „Österreich". Bei den Arten der Mitgliedschaft wird in den Statuten idR zwischen ordentlichen, außerordentlichen und Ehrenmitgliedern unterschieden. Sollten auch juristische Personen des Privatrechts und öffentlichen Rechts Mitglieder des Vereins werden können, so ist auch sinnvoll, dies in den Statuten genau auszuführen. Im Rahmen des Erwerbs der Mitgliedschaft wäre es möglich, in den Statuten für den Beitrittsantrag gewisse Formerfordernisse, wie bspw Schriftlichkeit, vorzusehen. Besonders empfehlenswert für die Aufnahme in die Satzung ist auch die Berechtigung des Vereins, von seinen Mitgliedern Mitgliedsbeiträge einheben zu dürfen. Allerdings sollte diese Satzungsbestimmung mit der weiteren Bestimmung, dass die genauen Details über den Mitgliedsbeitrag entweder in einer Beitragsordnung geregelt oder durch Einzelbeschlussfassung der Mitgliederversammlung festgelegt werden. In der Praxis sollte jedoch auf alle Fälle vermieden werden, die genaue Höhe des Mitgliedsbeitrages in den Satzungen festzuschreiben. Dies wäre deswegen wenig vorteilhaft, da jede Änderung des Mitgliedsbeitrages des Vereines einer Statutenänderung bedürfen würde. Die Vereinsorgane müssen sich keineswegs auf die Mitgliederversammlung, Leitungsorgan, Rechnungs- bzw Abschlussprüfer und Streitschlichtungseinrichtung beschränken. Vielmehr ist es gemäß § 5 Abs 4 S 1 möglich, ein „Aufsichtsorgan", welches aus mind drei Personen bestehen muss, einzurichten. In der Praxis kommt es auch relativ häufig vor, dass zur Unterstützung des ehrenamtlich agierenden Leitungsorgan eine professionelle Geschäftsführung, welche nach außen jedoch nicht oder nur beschränkt vertretungsbefugt ist, eingerichtet wird. Oft werden neben der Satzung auch sog „Geschäftsordnungen" beschlossen. Eine Geschäftsordnung kann als rein vereinsinterne Regelung Durchführungsbestimmungen, Richtlinien und allgemeine Anordnungen festlegen, dh sie kann in den Grenzen des VerG 2002 und der jeweiligen Satzung des Vereins den ordnungsgemäßen Vereinsbetrieb näher bestimmen oder mit der Ordnung des Geschäftsgangs den rein geschäftsordnungsmäßigen Verfahrensablauf als Weisung für das jeweilige Vereinsorgan bestimmen.

1.5 Statutenänderungen

Die Regelung der Vereinsverfassung durch die Statuten hat zwar Dauercharakter, jedoch kann durch eine Satzungsänderung geänderten Verhältnissen Rechnung getragen werden. Als Satzungsänderung gilt, wenn der Text der ursprünglichen oder später geänderten Satzung erweitert, gekürzt oder in sonstiger Weise abgeändert wird. Dies ist unabhängig davon, ob diese Änderung die Satzung sachlich verändert oder lediglich der Wortlaut korrigiert wird. Wird die Satzung jedoch im Rahmen einer Änderung neu erstellt, so liegt eine Neufassung der Satzung vor. § 14 Abs 1 legt fest, dass die Bestimmungen der §§ 1 bis 13 auch für jede Satzungsänderung gelten, das bedeutet, dass jede Statutenänderung auch der schriftlichen Anzeigepflicht der organschaftlichen Vertreter an die Vereinsbehörde unterliegt (§ 14 Abs 1 iVm § 11 S 1 per analogiam). Reagiert die Vereinsbehörde vier Wochen nicht, so gilt das Schweigen der Vereinsbehörde als Einladung zur Fortsetzung der Vereinstätigkeit auf der Grundlage der geänderten Satzungen (§ 14 Abs 1 iVm § 13 Abs 1 per analogiam). Die Durchführung einer Satzungsänderung beruht auf einem Beschluss der Mitgliederversammlung. Für eine wirksame Beschlussfassung über eine Statutenänderung in der Mitgliederversammlung ist es allerdings notwendig, dass die Tatsache der beabsichtigten Beschlussfassung allen Mitgliedern rechtzeitig mitgeteilt und diesen auch Gelegenheit zur Stellungnahme gegeben wird (vgl OGH 6.9.2001, 2 Ob 196/01i, RdW 2002, 153 = ZfRV 2002, 72 = ecolex 2002, 435). Die Statutenänderung kann sowohl wegen formeller Mängel als auch materieller Mängel mittels Feststellungsklage gerichtlich angefochten werden (vgl OGH 6.9.2001, 1 Ob 196/01i, RdW 2002, 153 = ZfRV 2002, 72 = ecolex 2002, 435).

E. Mitgliedschaft im Verein

1. Beitritts(Mitglieds-)Vertrag

1.1 Rechtsnatur

Die Mitgliedschaft stellt ein Rechtsverhältnis dar, das zwischen dem Verein und dem Mitglied besteht und das dem Mitglied dem Verein gegenüber gewisse Rechte gewährt, aber auch gewisse Pflichten auferlegt. Die Vereinsmitgliedschaft wird durch den Beitrittsvertrag, auf welchen die allg Regeln des bürgerlichen Rechts Anwendung finden, begründet. Der Mitgliedsvertrag kommt also durch Anbot und Annahme zustande, dh der Erwerb einer Mitgliedschaft erfordert immer eine Willensübereinstimmung (Konsens). Eine Ausnahme hievon besteht lediglich in gewissen Fällen, in denen der Verein/Verband einem Kontrahierungszwang unterliegt (vgl Zweiter Abschnitt Pkt D. 2.1.2.1).

Formerfordernisse, wie bspw die Schriftlichkeit der Beitrittserklärung, können in den Statuten vorgesehen werden, wobei im Zweifel die Erfüllung der Formerfordernisse eine Bedingung für den Erwerb der Vereinsmitgliedschaft darstellt. Die Satzung kann auch gewisse Bedingungen für die Aufnahme in den Verein frei festlegen, wobei gesetz- oder sittenwidrige Bedingungen iSd § 879 ABGB mit Nichtigkeit behaftet sind. Da jeder Vereinsbeitritt ein Rechtsgeschäft darstellt, muss der Beitretende auch geschäftsfähig sein. Nach der stRsp des VfGH kann ein mündiger Minderjähriger, also eine Person vom 14. bis zum 18. Lebensjahr, unter bestimmten Voraussetzungen die Mitgliedschaft zu einem Verein ohne Zustimmung seines gesetzlichen Vertreters begründen (vgl VfGH 18.3.1975, B 125/74, VfSlg 7.526). Durch den Tod des Mitgliedes erlischt die Mitgliedschaft zu einem Verein ex lege. Die Beendigung der Vereinsmitgliedschaft kann aber auch durch einseitigen Austritt aus dem Verein seitens des Mitgliedes erfolgen bzw kann das Mitglied bei Vorliegen eines Ausschlussgrundes auch vom Verein ausgeschlossen werden.

2. Mitgliederrechte und -pflichten

Die Rechte und Pflichten der Vereinsmitglieder müssen in den Statuten taxativ angeführt werden (§ 3 Abs 2 Z 6). Welche Rechte und Pflichten dem einzelnen Mitglied zukommen, hängt idR davon ab, welche Art von Mitgliedschaft (ordentliche, außerordentliche Mitgliedschaft sowie Ehrenmitgliedschaft) das Mitglied gewählt hat. Während der Unterschied zwischen ordentlichen und außerordentlichen Mitgliedern in der Intensität der Mitarbeit des jeweiligen Mitglieds an der Erreichung des Vereinszwecks liegt, haben Ehrenmitglieder durch ihre Arbeit im Verein besondere Verdienste erworben

2.1 Mitgliederrechte

2.1.1 Mitwirkungsrechte

Das Mitglied eines Vereins ist an diesem mit Mitwirkungsrechten zu beteiligen. Die Mitwirkungsrechte hängen davon ab, welchen Vereinsorganen das Mitglied de facto angehört, wobei das Mitglied idR nur der Mitgliederversammlung angehört, und über welche Rechte es dort verfügt. Die Mitwirkungsrechte bestehen bspw im Recht auf Teilnahme, Antragstellung, Rede, Anfrage, Information über Vereinsangelegenheiten und auf Stimmabgabe. Das Recht des Mitglieds auf Stimmabgabe kann jedoch von der Voraussetzung der vollständigen Entrichtung des Mitgliedsbeitrags abhängig gemacht werden (vgl OGH 29.1.1985, 1 Ob 712/84, GesRZ 1985, 38 = SZ 58/15). Werden die Mitwirkungsrechte eines Mitglieds beschränkt, so spricht man von sog „eingeschränkten Mitgliedschaftsrechten". Derartige Beschränkungen existieren oft bei sog „Publikumsvereinen". Unter einem Publikumsverein versteht man einen Verein, der aus einer sehr großen Anzahl an Mitgliedern besteht. Aufgrund der Größe des Vereins ist es somit auch nicht möglich, Mitgliederversammlungen abzuhalten. Anstelle der Mitgliederversammlung tritt dann ein Repräsentationsorgan (Delegiertenversammlung) gemäß § 5 Abs 2 S 2. Durch die Delegiertenversammlung wird das Mitwirkungsrecht des Mitglieds insofern eingeschränkt, als diesem die Möglichkeit genommen wird, in der Mitgliederversammlung selbst mitzustimmen.

2.1.2 Informationsrechte

Die Vereinsmitglieder haben auch Informationsrechte. So legt die Bestimmung des § 20 S 1 fest, dass das Leitungsorgan verpflichtet ist, die Mitglieder über die Tätigkeit und finanzielle Gebarung des Vereins zu informieren. Wenn mindestens ein Zehntel der Mitglieder dies unter Angabe von Gründen verlangen, ist das Leitungsorgan ebenso innerhalb von vier Wochen verpflichtet, Informationen an die Mitglieder zu erteilen (§ 20 S 2). Weiters findet sich in der Bestimmung des § 21 Abs 4 S 3 ein weiteres Informationsrecht der Mitglieder. So hat das Leitungsorgan die Mitglieder über die geprüfte Einnahmen- und Ausgabenrechnung zu informieren. Die kann sowohl in der Mitgliederversammlung als auch außerhalb dieser erfolgen. Werden diese Informationen allerdings in der Mitgliederversammlung erteilt, so sind die Rechnungsprüfer einzubeziehen (§ 21 Abs 4 S 4).

2.1.3 Recht auf Leistungen des Vereins

Mit dem Begriff der Leistungsrechte werden die Zugriffsmöglichkeiten beschrieben, die das einzelne Vereinsmitglied auf die Leistungen des Vereins und die Nutzung seiner Einrichtungen und Anlagen hat. Die Leistungsrechte stehen dem Mitglied im Vgl zum Nichtmitglied in privilegierter Form, dh unter erleichterten Bedingungen, oder überhaupt ausschließlich zu. Im Rahmen der rechtlichen Beurteilung von Leistungsbeziehungen zwischen dem Verein und Mitglied muss in concreto geprüft werden, ob die Leistung Ausfluss der Mitgliedschaft zum Verein ist oder es sich um eine – neben dem Vereinsverhältnis – selbständig bestehende Leistungsbeziehung handelt. Diese Unterscheidung ist deswegen von besonderer rechtlicher Relevanz, da daran unterschiedliche Rechtsfolgen geknüpft sind (vgl OGH 17.2.1993, 7 Ob 1/93, EvBl 1993/163 = SZ 66/19 = VersR 1993, 1301 = VersRdSch 1993, 200 = ZVR 1994/31).

2.1.4 Recht auf Gleichbehandlung

Grundsätzlich sind alle Vereinsmitglieder gleich zu behandeln, außer die Statuten sehen etwas Gegenteiliges vor (vgl OGH 29.1.1985, 1 Ob 712/82, SZ 58/15 = GesRZ 1985, 38 ; 30.7.1987, 4 Ob 1526/87, JBl 1988, 445). Die Differenzierung verschiedener Arten von Mitgliedern (ordentliche, außerordentliche Mitglieder sowie Ehrenmitglieder), denen jeweils bestimmte Rechte und Pflichten zukommen, ist zulässig. Möglich wäre jedoch auch die Kategorisierung in weitere Arten von Mitgliedern, wie zB die Einführung der Kategorie des Jugendmitglieds.

2.1.5 Unübertragbarkeit der Mitgliederrechte

Eine dem § 38 BGB ähnliche Bestimmung, welche besagt, dass eine Mitgliedschaft in einem Verein nicht übertragbar und vererblich ist sowie die Ausübung der Mitgliedschaftsrechte einem anderen nicht übertragen werden kann, ist der österreichischen Rechtsordnung völlig fremd. Das VerG 2002 beinhaltet keine rechtlichen Bestimmungen zur Vererbbarkeit und Übertragbarkeit einer Vereinsmitgliedschaft. ME ist im Zweifel davon auszugehen, dass die Vereinsmitgliedschaft höchstpersönlich ist und daher mit dem Tod endet, sodass eine Vererblichkeit ausscheidet. Die Rechtsmeinung, wonach die Vereinsmitgliedschaft im Zweifel auch unübertragbar ist, ist mE einer differenzierteren Betrachtungsweise zu unterziehen. Vielmehr ist mE die Vereinsmitgliedschaft als „Ganzes", dh das Mitgliedschaftsrecht als solches, als höchstpersönliches Recht unübertragbar. Jedoch können mE keineswegs einzelne Mitgliedschaftsrechte als unübertragbar gelten, sodass einzelne Teile (Elemente) der Mitgliedschaft von einem Mitglied auf ein anderes Mitglied auf alle Fälle übertragen werden können müssen. Dies gilt insbesondere für die sich aus der Mitgliedschaft ergebenden Rechte und Pflichten. Dies gilt umso mehr, wenn es sich um ein Mitgliedschaftsrecht handelt, das einen Vermögenswert darstellt. Bei den Mitgliedschaftsrechten ist hinsichtlich ihrer Übertragbarkeit weiters noch zu unterscheiden, ob es sich um ein Mitverwaltungs- oder um ein Vorteilsrecht handelt. Zu den Mitverwaltungsrechten gehört va das Recht auf Teilnahme an der vereinsinternen Willensbildung. Unter Vorteilsrechten versteht man sämtliche Rechte, die sich auf die Teilhabe an den Vorteilen aus der Verfolgung des Vereinszwecks ergeben. Zu den Vorteilsrechten gehören insbesondere auch weitere ausnahmsweise bestehende Vermögensrechte. Für die Mitverwaltungsrechte gilt mE auf alle Fälle das Abspaltungsverbot, während dieses für die Vorteilsrechte nicht gilt. Die Vorteilsrechte sind also ihrer Natur nach auf alle Fälle einer Abtretung bzw Übertragbarkeit zugänglich, jedoch widerspricht es im Vereinsrecht dem mutmaßlichen Willen des Satzungsgebers, einem einen Mitglied verschafften Nutzen aus der Mitgliedschaft auch einem Nichtmitglied im Wege der Übertragung angedeihen zu lassen.

2.2 Mitgliederpflichten

2.2.1 Beitragspflicht

Durch die Beitragspflicht in Form von Mitgliedsbeiträgen sollen dem Verein finanzielle Mittel zur Verwirklichung des Vereinszwecks zur Verfügung gestellt werden. Beiträge sind die idR in Geld zu erbringenden wiederkehrenden Leistungen, wobei den Mitgliedern anstelle von Geldleistungen auch andere Verpflichtungen auferlegt werden können, die der Erreichung des Vereinszwecks dienen. Die Anordnung einer Beitragspflicht ist in der Satzung geregelt. Als beitragsfrei gilt die Mitgliedschaft dann, wenn sich in den Statuten keine diesbezügliche Bestimmung findet und sich eine Beitragspflicht auch aus dem Vereinszweck nicht verpflichtend ergibt. Die Satzung muss also festlegen, ob und welche Beiträge von den Mitgliedern zu entrichten sind. Die Höhe der Beiträge braucht von der Satzung nicht ziffernmäßig festgelegt sein. Neben idR periodisch zu leistenden Mitgliedsgebühren sind auch einmalige Aufnahmebeträge bei Anordnung in der Satzung möglich und zulässig.

F. Organe des Vereins sowie deren Organwalter

Der Verein als juristische Person besitzt grundsätzlich die Fähigkeit, Träger von Rechten und Pflichten zu sein. Er selbst kann jedoch nicht selbst die entsprechenden Rechtshandlungen vornehmen bzw Rechtsgeschäfte abschließen. Für diese Handlungen benötigt der Verein als juristische Person somit natürliche Personen, nämlich die sog Organwalter. Durch diese organschaftliche Vertretung wird der Verein selbst unmittelbar berechtigt und verpflichtet. Der einzelne Organwalter benötigt insbesondere keine besondere Vollmacht, um für den Verein zu handeln. Das Vertretungsrecht des Organwalters entsteht somit ex lege, sodass man – im Unterschied zur rechtsgeschäftlichen Vertretung – von der sog „organmäßigen Vertretung" spricht.

1. Leitungsorgan

Gemäß § 5 Abs 3 S 2 müssen alle Mitglieder des Leitungsorgans natürliche Personen sein. Es wäre jedoch möglich, in den Statuten festzulegen, dass juristische Personen berechtigt sind, natürliche Personen in das Leitungsorgan zu entsenden. Das Leitungsorgan muss aus mind zwei Personen bestehen (sog „Vier-Augen-Prinzip", § 5 Abs 3 S 1).

1.1 Aufgaben

Das Leitungsorgan eines Vereins ist jenes Organ, welches die organisatorischen sowie finanziellen Vereinsgeschäfte führt und den Verein nach außen vertritt (§ 5 Abs 1). Zu den Vereinsgeschäften seien beispielhaft folgende erwähnt: Aufnahme von Mitgliedern, Abschluss diverser Verträge, Organisation von Veranstaltungen sowie die Einhebung der Mitgliedsbeiträge. Innerhalb des Leitungsorgans ist es möglich, die Geschäfte und Vertretungsaufgaben unter den verschiedenen Organwaltern zu verteilen (arg § 5 Abs 3 S 4). Dabei ist es jedoch keineswegs notwendig, diese Funktionen der einzelnen Organwalter als Obmann, Kassier, Schriftführer sowie deren Stellvertreter zu bezeichnen. Für die Praxis ist eine genaue Kompetenzverteilung sowie Bezeichnung der Funktionen der einzelnen Organwalter innerhalb des Leitungsorgans jedoch besonders empfehlenswert. Die Statuten können regeln, inwieweit das Leitungsorgan auch für außergewöhnliche Geschäfte, wie bspw den Erwerb von Liegenschaften durch den Verein, die Aufnahme von Großkrediten sowie den Austritt oder Wechsel von Verbänden, zuständig ist bzw die Einholung der Zustimmung anderer Organe notwendig ist. Sind in den Statuten keinerlei Bestimmungen über außergewöhnliche Geschäfte zu finden, so ist das Leitungsorgan für diese alleine zuständig. Zu den gesetzlichen Aufgaben des Leitungsorgans gehören ua folgende Agenden:

- Geschäftsführung und Vertretung des Vereins nach außen (§ 5 Abs 1) unter Einhaltung seiner gesetzlichen und statutarischen Pflichten sowie der rechtmäßigen Beschlüsse der zuständigen Vereinsorgane (§ 5 Abs 1 iVm § 24 Abs 1 S 1),

- Einberufung der Mitgliederversammlung (§ 5 Abs 2),

- Anzeige der Vereinserrichtung und Bekanntgabe der Funktion und des Bestellungszeitpunktes von organschaftlichen Vertretern (§ 11 S 1 iVm § 14 Abs 2),

- Bekanntgabe von Statutenänderungen, organschaftlichen Vertretern sowie Änderung der Vereinsanschrift (§ 14),

- Einrichtung eines den Anforderungen des Vereins entsprechenden Rechnungswesens (§ 21 Abs 1 S 2),

- Erstellung der Einnahmen- und Ausgabenrechnung samt Vermögensübersicht zum Ende eines Rechnungsjahres (§ 21 Abs 1 S 3)

- Mitteilung der freiwilligen Auflösung bzw des Erfordernisses der Abwicklung (§ 28 Abs 2).

1.2 Vertretungsregeln

Den Statuten bleibt die Regelung vorbehalten, ob im kollegialen Leitungsorgan jeder Organwalter alleine zur Geschäftsführung befugt ist (sog Einzelgeschäftsführung) oder ob die Mitglieder des Leitungsorgans die Geschäfte nur gemeinsam führen dürfen (sog Gesamtgeschäftsführung). § 6 Abs 1 S 1 legt fest, dass im Zweifel vom Prinzip der Gesamtgeschäftsführung auszugegehen ist. Die Durchführung der Gesamtgeschäftsführung ist sowohl nach dem Einstimmigkeits- als auch nach dem Mehrstimmigkeitsprinzip denkbar. Aus Gründen der Praxisnähe gibt allerdings die Bestimmung des § 6 Abs 1 S 2 dem Mehrstimmigkeitsprinzip den Vorzug. Innerhalb des Leitungsorgans ist ferner zu regeln, ob alle Organwalter oder nur einige von ihnen gemeinsam den Verein nach außen vertreten dürfen. Die Bestimmung des § 6 Abs 1 S 1 legt fest, dass – solange die Statuten nichts anderes vorsehen – Gesamtvertretung vorliegt. In der Praxis kommt es jedoch immer wieder vor, dass die organschaftliche Vertretung des Vereins in den Statuten besonders geregelt wird. Folgende Musterklausel findet sich in vielen Statuten: *„Der Obmann vertritt den Verein nach außen. Schriftliche Ausfertigungen des Vereins bedürfen zu ihrer Gültigkeit der Unterschriften des Obmanns und des Schriftführers, in Geldangelegenheiten des Obmanns und des Kassiers. "* Der erste Satz dieser Musterklausel ist noch relativ einfach zu interpretieren, da er unstrittigerweise Einzelvertretung vorsieht. Problematisch ist jedoch mE der zweite Satz dieser Klausel, wonach schriftliche Ausfertigungen des Vereins offenbar nur von zwei Mitgliedern des Leitungsorgans rechtswirksam abgegeben werden können sollen. Dabei wird zusätzlich noch zwischen normalen Angelegenheiten und Geldangelegenheiten unterschieden. Fraglich ist in diesem Zusammenhang, was dann gelten soll, wenn eine schriftliche Ausfertigung des Vereins sowohl normale Angelegenheiten als auch geldwerte Angelegenheiten zum Inhalt hat. Nicht geklärt bleibt auch die Frage, ob der Obmann alleine in mündlicher Form Vereinsverbindlichkeiten begründen kann.

1.3 Wahl und Funktionsperiode

Gemäß § 3 Abs 2 Z 8 haben die Statuten des Vereins nicht nur die Art der Bestellung der Organe, sondern auch die Dauer ihrer Funktionsperiode zu enthalten. Eine Höchstdauer der Funktionsperioden ist im VerG 2002 nicht vorgesehen. Das VerG 2002 enthält weiters auch keine Bestimmung über die Dauer einer Funktionsperiode, sodass die Bestellung des Leitungsorgans auf bestimmte oder unbestimmte Zeit erfolgen kann. Die Bestellung und Abberufung des Leitungsorgans erfolgt idR durch die Mitgliederversammlung. In den Statuten kann jedoch vorgesehen sein, dass das Leitungsorgan nicht von der Mitgliederversammlung bestellt und abberufen wird, sondern von einem anderen Organ des Vereins, wie bspw vom Aufsichtsorgan.

2. Mitgliederversammlung

Die Mitgliederversammlung stellt kein fakultatives, sondern ein verpflichtendes Organ dar (§ 3 Abs 2 Z 7). Sie bietet allen Vereinsmitgliedern die Möglichkeit, in bestimmten, regelmäßigen Abständen an Zusammenkünften teilzunehmen, um über die zwischenzeitlichen Aktivitäten des Vereins informiert zu werden sowie um Beschlüsse zu fassen, die der Mitgliederversammlung vorbehalten sind. In großen Vereinen, bei denen die Abhaltung einer Vollversammlung aus organisatorischen oder kostenmäßigen Gründen nicht möglich wäre, kann auch eine Delegiertenversammlung vorgesehen werden (§ 5 Abs 2 S 2).

2.1. Aufgaben

Die Mitgliederversammlung ist das Organ zur gemeinsamen Willensbildung aller Mitglieder des Vereins (§ 5 Abs 1, § 5 Abs 2 S 2), sodass diese als „oberstes Organ" des Vereins gilt. Damit ist die grundsätzliche „letzte" Willensbildung gemeint, nicht jedoch diejenige im Rahmen der laufenden Geschäfte. Bei diesen gewöhnlichen, alltäglichen Geschäften obliegt die Geschäftsführung und die Vertretung nämlich ex lege gemäß § 5 Abs 1 dem Leitungsorgan. Die Mitgliederversammlung verfügt ua über folgende gesetzliche Befugnisse:

- Bestellung des Aufsichtsorgans (§ 5 Abs 4),

- Auswahl der Rechnungsprüfer bzw des Abschlussprüfers (§ 5 Abs 5 S 4),

- Entgegennahme von Berichten des Leitungsorgans über die Vereinstätigkeit und die finanzielle Gebarung des Vereins (§ 20),

- Entgegennahme des Berichts der Rechnungsprüfer bei Unregelmäßigkeiten (§ 21 Abs 5),

- Bestellung eines Sondervertreters (§ 25 Abs 1 S 1).

Alle – der Mitgliederversammlung nicht ex lege zustehenden Befugnisse – übrigen Befugnisse der Mitgliederversammlung, wie bspw die Bestellung und Abberufung des Leitungsorgans, sind in den Statuten zu regeln.

2.2 Einberufung

Die Mitgliederversammlung ist zumindest alle vier Jahre abzuhalten (§ 5 Abs 2 S 1). Den Statuten ist es in diesem Zusammenhang möglich, ein kürzeres Intervall für die Mitgliederversammlung festzulegen. Keinesfalls kann jedoch ein längerer Zeitraum als vier Jahre für die Einberufung der Mitgliederversammlung durch die Statuten vorgesehen werden. Mindestens ein Zehntel der Mitglieder kann gemäß § 5 Abs 2 S 2 die Einberufung einer Mitgliederversammlung verlangen.

2.3 Beschlussfähigkeit und Stimmrecht

Das Stimmrecht wird prinzipiell in den Statuten geregelt. So sind in den Statuten die für die Beschlussfassungen notwendige Mindestanzahl von Vereinsmitgliedern, die erforderliche Stimmenmehrheit (einfache Mehrheit, Zwei-Drittel-Mehrheit oder Einstimmigkeit) oder sonstige Modalitäten (zB die Zulässigkeit von schriftlichen Umlaufbeschlüssen) festzulegen. Besonders wichtig für die Praxis ist in den Statuten die Festlegung von Bestimmungen über den Erwerb der Mitgliedschaft. Ansonsten könnten sich hier bei brisanten Abstimmungen rechtliche Probleme dahingehend ergeben, ob die das Stimmrecht in der Mitgliederversammlung ausübende Person überhaupt Mitglied des Vereins ist. Das Stimmrecht muss ordentlichen Mitgliedern jedenfalls zustehen, außerordentlichen jedoch nicht.

3. Rechnungsprüfer

Den Rechnungsprüfern obliegt die Überwachung der finanziellen Gebarung des Vereins. Das Rechtsinstitut der Rechnungsprüfung bzw die Bestellung von zumindest zwei Rechnungsprüfern ist gesetzlich vorgesehen (§ 5 Abs 5 S 1), dh auch ohne Erwähnung in den Statuten sind die Vereine verpflichtet, Rechnungsprüfer zu bestellen.

3.1 Aufgaben

Die wesentliche Verpflichtung der Rechnungsprüfer besteht in der Überprüfung der Buchhaltung des Vereins. Während das Aufsichtsorgan des Vereins die gesamte Tätigkeit des Vereins laufend überwacht, erfolgt die Kontrolle durch die Rechnungsprüfer im Anschluss an jedes Geschäftsjahr. Der Prüfbericht der Rechnungsprüfer stellt eine wesentliche Grundlage für die Entlastung des Leitungsorgans dar. Er wird von den Rechnungsprüfern erstellt und in der Mitgliederversammlung des Vereins erläutert. Aus dem Prüfbericht sollte hervorgehen, wie und in welchem Umfang die Geschäftsführung bzw die Arbeit des Leitungsorgans geprüft wurde. Rechnungsprüfer unterliegen der Verpflichtung zur absoluten Verschwiegenheit. Den Rechnungsprüfern obliegen gemäß § 21 Abs 2 bis 5 ua folgende gesetzliche Aufgaben:

- Prüfung der Einnahmen- und Ausgabenrechnung samt Vermögensübersicht (§ 21 Abs 2 S 1),
- Prüfung der statutengemäßen Verwendung der Mittel (§ 21 Abs 2 S 1),
- Erstellung des Prüfungsberichts (§ 21 Abs 3 S 1),
- Berichtspflichten gegenüber dem Leitungsorgan bzw Aufsichtsorgan bei Gefahren durch Gebarungsmängel (§ 21 Abs 4 S 1),
- Einberufung einer Mitgliederversammlung bei groben Verstößen des Leitungsorgans gegen die sie treffenden Rechnungslegungspflichten (§ 21 Abs 5).

3.2 Wahl und Funktionsperiode

Gemäß § 5 Abs 5 hat jeder Verein mindestens zwei Rechnungsprüfer zu bestellen, ein großer Verein hat iSd § 22 Abs 2 S 1 einen Abschlussprüfer zu bestimmen. Rechnungsprüfer und Abschlussprüfer müssen unabhängig und unbefangen sein (§ 5 Abs 5 S 2), dh sie dürfen keine Mitglieder jener Vereinsorgane sein, die überprüft werden. Die Bestellung der Rechnungsprüfer erfolgt durch die Mitgliederversammlung (§ 5 Abs 5 S 4). Ist eine Bestellung jedoch noch vor der nächsten Mitgliederversammlung erforderlich, so sind die Rechnungsprüfer vom Aufsichtsorgan bzw Leitungsorgan gemäß § 5 Abs 5 S 5 auszuwählen.

4. Schiedsgericht

Gemäß § 3 Abs 2 Z 10 iVm § 8 Abs 1 S 1 haben die Statuten zu regeln, wie Streitigkeiten aus dem Vereinsverhältnis geschlichtet werden. IdR wird in den Vereinsstatuten eine Schlichtungseinrichtung, die fälschlicherweise oft als „Schiedsgericht" bezeichnet wird, vorgesehen. Die Ausgestaltung der Schlichtungseinrichtung und des Schlichtungsverfahrens bleibt somit den Statuten vorbehalten. So haben die Statuten die Zusammensetzung und die Art der Mitglieder zu bestimmen (§ 8 Abs S 1). Dabei sind allerdings die Verfahrensgrundsätze der Unbefangenheit der Mitglieder der Schlichtungseinrichtung (§ 8 Abs 1 S 1) sowie des rechtlichen Gehörs für die Streitparteien gemäß § 8 Abs 1 S 2 zu beachten.

4.1 Aufgaben

Die Streitschlichtungseinrichtung dient der außergerichtlichen, vereinsinternen Beilegung von rechtlichen und sonstigen reinen Vereinsstreitigkeiten. Im Rahmen der Schlichtung ist somit streng zwischen reinen und rechtlichen Vereinsstreitigkeiten zu trennen. Die Schlichtungseinrichtung stellt kein Schiedsgericht iSd der Bestimmungen der §§ 577 ff ZPO dar. Dies bedürfte eines gesonderten, von den Streitparteien abgeschlossenen Schiedsvertrages.

4.2 Wahl und Funktionsperiode

Die Mitglieder der Schlichtungseinrichtung werden nach den Statuten entweder von der Mitgliederversammlung für alle während einer bestimmten Funktionsperiode anfallenden Streitigkeiten aus dem Vereinsverhältnis bestellt. Möglich wäre jedoch auch die Regelung in den Statuten, die Mitglieder von Fall zu Fall zu bestellen. In den Statuten findet sich bezüglich der Zusammensetzung der Schlichtungseinrichtung sehr oft folgende Musterklausel: *„Die Schlichtungseinrichtung besteht aus drei ordentlichen Vereinsmitgliedern. Sie wird derart gebildet, dass ein Streitteil dem Leitungsorgan ein Mitglied als Schiedsrichter schriftlich namhaft macht. Über Aufforderung durch das Leitungsorgan binnen sieben Tagen macht der andere Streitteil innerhalb von vierzehn Tagen seinerseits ein Mitglied des Schiedsgerichts namhaft. Nach Verständigung durch das Leitungsorgan innerhalb von sieben Tagen wählen die namhaft gemachten Schiedsrichter binnen weiterer vierzehn Tage ein drittes ordentliches Mitglied zum Vorsitzenden der Schlichtungseinrichtung. "*

5. Sonstige fakultative Organe

Die Statuten eines Vereins können die Einrichtung weiterer Organe zur Erreichung des Vereinszwecks, wie bspw die Bestellung eines Sektionsleiters, Beirates, Aufsichtsorgans, vorsehen. Diese Möglichkeit des Vereins stellt einen Ausfluss der Vereinsfreiheit und Privatautonomie dar. Die fakultativen Organe haben idR jedoch nur beratende Funktionen. Die näheren Befugnisse dieser fakultativen Organe sind in der Satzung zu regeln.

5.1 Aufsichtsorgan

Ob ein Verein ein Aufsichtsorgan einrichtet oder nicht, liegt in seinem Ermessen (§ 5 Abs 4), dh das VerG 2002 statuiert zu seiner Einrichtung keine diesbezügliche Verpflichtung. ME ist die Bildung eines Aufsichtsorgans eine gute Möglichkeit, die Handlungen des Leitungsorgans einer umfassenden Kontrolle zu unterwerfen. Das VerG 2002 enthält keine Legaldefinition, was unter einem Aufsichtsorgan im rechtlichen Sinne genau zu verstehen ist. In diesem Zusammenhang liegt es somit nahe, die Auffassung zu vertreten, dass ein Aufsichtsorgan dem Aufsichtsrat einer AG, GmbH oder Erwerbs- oder Wirtschaftsgenossenschaft, ähnelt. Ein Aufsichtsorgan muss aus mindestens drei natürlichen Personen bestehen (§ 5 Abs 4 S 1). Es kann über mehr Mitglieder verfügen, nicht aber über weniger.

5.1.1 Aufgaben

Das VerG 2002 enthält keine genaue Kompetenzen und Aufgabenbeschreibungen eines Aufsichtsorgans, nicht einmal Mindestkompetenzen sind festgeschrieben. Den Statuten kommt somit die Aufgabe zu, die Kompetenzen des Aufsichtsorgans genau festzulegen. Das Aufsichtsorgan hat va die Geschäftsführungstätigkeit des Leitungsorgans laufend und begleitend zu überwachen. Um die Aufgaben erfüllen zu können, muss das Aufsichtsorgan regelmäßige Sitzungen abhalten. In den Statuten sind Berichtspflichten des Leitungsorgans gegenüber dem Aufsichtsorgan sowie Informationsrechte des Aufsichtsorgans festzulegen. Dem Aufsichtsorgan muss es weiters auch möglich sein, in die Vereinsbücher des Vereins, in sonstige Vereinsunterlagen Einsicht zu nehmen und Auskünfte Dritter, wie etwa Angestellte des Vereins, einzuholen.

5.1.2 Wahl und Funktionsperiode

Die Bestellung der Mitglieder des Aufsichtsorgans obliegt der Mitgliederversammlung (§ 5 Abs 4 S 2). Gemäß § 5 Abs 4 S 3 müssen die Mitglieder des Aufsichtsorgans unabhängig und unbefangen sein. Ein Mitglied des Aufsichtsorgans darf keinem Vereinsorgan, außer der Mitgliederversammlung, angehören, dessen Gegenstand eine Tätigkeit der Aufsicht darstellt (§ 5 Abs 4 S 4). Der Mitgliederversammlung darf das Mitglied des Aufsichtsorgans hingegen angehören, selbst dann, wenn sich das Aufsichtsorgan mit den Aktivitäten der Mitgliederversammlung befasst. Im VerG 2002 findet sich auch eine Bestimmung der Betriebsverfassung. So legt § 5 Abs 4 S 5 fest, dass dann, wenn die Statuten eines Vereins, der über zwei Jahre lang im Durchschnitt über mehr als dreihundert AN verfügt, ein Aufsichtsorgan vorsehen, diesem zu einem Drittel AN angehören müssen.

5.2 Beirat

Wie das im Dritten Abschnitt unter Punkt F. 5.1 beschriebene Aufsichtsorgan, kann auch ein Beirat, bspw ein Wirtschaftsbeirat, für die wirtschaftlichen Agenden des Vereins, fakultativ eingerichtet werden. Die nähere rechtliche Ausgestaltung des Beirates, wie bspw die Organisation, Zusammensetzung sowie Rechte und Pflichten des Beirates, ist den Statuten vorbehalten.

5.2.1 Aufgaben

Dem Beirat kommt im Verein idR konsultative, dh beratende, Funktion zu. Der Beirat von Vereinen besteht oft aus Persönlichkeiten aus Politik, Kultur und Sport. Besondere Vorsicht ist geboten, wenn dem Beirat Aufsichtsfunktion zukommt. Dann könnte er nämlich als Aufsichtsorgan iSd § 5 Abs 4 zu qualifizieren sein, sodass er dann aus mindestens drei Personen, die unabhängig und unbefangen sein müssen, bestehen müsste.

VIERTER ABSCHNITT
VEREINE UND SCHADENERSATZRECHT

A. Einleitung

1. Allgemeines

Vereine sind juristische Personen und sind somit selbst Träger von Rechten und Pflichten. Alle Rechtsträger, also auch Vereine, haben ihre Verbindlichkeiten zu erfüllen und für die Nichterfüllung mit dem Vereinsvermögen einzustehen. Der Verein haftet iS eines „Einstehenmüssens" somit mit seinem Vermögen sowohl für rechtsgeschäftlich eingegangene Verbindlichkeiten einschließlich der daraus resultierenden Ansprüche auf Schadenersatz als auch für Verbindlichkeiten aus Schädigungen aufgrund deliktischen Verhaltens, das dem Verein zuzurechnen ist, sowie für Verbindlichkeiten aus anderen gesetzlichen Schuldverhältnissen, wie bspw Bereicherung, Geschäftsführung ohne Auftrag, Gläubigeranfechtung. Auch ein Verein, der ausschließlich von ehrenamtlichen Funktionären geführt wird, gilt als juristische Person und hat daher für seine eigenen Verbindlichkeiten einzustehen.

2. Fallbeispiele

2.1 Beispiel 20 („von GKK geprüfter Verein")

Der Verein X erhielt im Jahre 2010 von der GKK eine Verständigung über die Durchführung der gemeinsamen Prüfung aller lohnabhängigen Abgaben. Gleichzeitig erging auch der Bescheid über den Prüfungsauftrag für den Zeitraum 1.1.2005 bis 31.12.2009. Gegenstand der Außenprüfung der GKK war die Lohnsteuer-, Sozialversicherungs- sowie Kommunalsteuerprüfung. Im Jahre 2012 kam es schließlich zu einer Abschlussprüfung, mit welcher die Abgabenschuld des Vereins X gemäß § 184 BAO vom Prüfer mit einem Betrag von EUR 20.000,-- eingeschätzt wurde. Mittlerweile verfügt der Verein X über einen neuen Vorstand, welcher zum Zeitpunkt des Entstehens der prüfungsgegenständlichen Abgabenschulden des Vereins X in den Jahren 2005 bis 2009 noch nicht im Amt war. Wer haftet nun für die „alten" Abgabenschulden des Vereins X?

2.2 Beispiel 21 („geschädigter Spieler")

Der Fußballspieler S spielte in der Saison 2008/09 für den Verein X als Amateurspieler. Zwischen dem Spieler S und dem Verein X ist mündlich vereinbart worden, dass der Spieler S ein monatliches Fixum von EUR 400,-- sowie eine Punkteprämie von EUR 100,--/Punkt erhält. Der Verein kam seiner Verpflichtung zur Entgeltzahlung gegenüber dem Spieler S jedoch nicht nach, sodass der Spieler S den Verein X aufforderte, seine offenen Forderungen aus dem mündlichen Spielervertrag mit dem Verein X zu berichtigen. Dieses Schreiben blieb erfolglos, sodass der Spieler S an den Ausschuss für Kontroll- und Meldewesen des StFV einen Schlichtungsantrag mit dem Inhalt der Leistung seiner offenen Entgeltforderungen richtete. Dem Leistungsbegehren des Spielers S wurde vom Ausschuss für Kontroll- und Meldewesen des StFV schließlich auch stattgegeben. Im Vgl zur Spielsaison 2008/09, in welcher der Spieler S für den Verein X als Amateur tätig war, verfügt der Verein X nunmehr über ein neues Funktionärsteam. Wer haftet nun für die vom Ausschuss für Kontroll- und Meldewesen des StFV als zu Recht bestehende Forderung des Spielers?

2.3 Beispiel 22 („geschädigte Zuschauerin")

Zuseherin Z möchte sich ein Eishockeyspiel ansehen. Sie löst eine Eintrittskarte und begibt sich anschließend in die Eishalle. Die Zuschauerin Z sitzt in der zweiten Reihe der an der Längsseite der Eisfläche verlaufenden Tribüne und wird von einem über die seitliche Bande des Spielfelds geschleuderten Puck im Gesicht getroffen und schwer verletzt, da die seitliche Bande zur Zuschauertribüne hin nicht mit Plexiglas verkleidet ist. Auf ihrer Eintrittskarte steht der Aufdruck: *„Veranstalter: Emotion Werbe- und Veranstaltungs-GmbH. "*. Die Emotion Werbe- und Veranstaltungs-GmbH mietet die Eishalle regelmäßig von der Stadt H. Kommt die Emotion Werbe- und Veranstaltungs-GmbH als Mieterin der Eishalle überhaupt als möglicher Haftungsadressat für die schadenersatzrechtlichen Ansprüche aus der schweren Körperverletzung von Frau Z in Betracht?

2.4. Beispiel 23 („flitzender Fan")

Der Fußballverein F veranstaltet mit seiner 1. Bundesligamannschaft ein Meisterschaftsspiel, bei dem der Zuschauer Z zugegen ist. In der 55. Spielminute des Meisterschaftsspiels verlässt der Zuseher Z die Tribüne und stürmt auf das Spielfeld, ohne dass die Ordner des Vereins F ihn aufhalten können. Am Mittelkreis versucht er dann, dem Schiedsrichter den Ball abzunehmen. Erst nach einer kurzen Verfolgungsjagd wird der Zuschauer Z am Spielfeld festgehalten und abgeführt. Der Senat 1 (Straf- und Beglaubigungsausschuss) der ÖFBL verhängt gegenüber den Verein F eine Disziplinarstrafe in der Höhe von EUR 20.000,--. Kann der Verein F vom Zuschauer Z den Ersatz dieser Strafe in voller Höhe im Wege des Regresses begehren?

2.5 Beispiel 24 („schlechter Schiedsrichtersassistent")

Im Rahmen eines Meisterschaftsspieles der tipp3-BL zwischen dem FC R und dem FK A kam es zu einer in den Medien sehr kontrovers diskutierten Entscheidung des Schiedsrichterassistenten. Der Assistent anerkannte nämlich einen aus abseitsverdächtiger Position durch den FC R erzielten Treffer nicht, sodass es beim Endstand von 0:1 für den FK A blieb. Dieser „Fehlpfiff" des Linienrichters hatte insbesondere deswegen haftungsrechtliche Relevanz erlangt, als dieses Tor auf Seiten des FC R für diesen meisterschaftsentscheidend gewesen wäre, wenn es vom Schiedsrichter anerkannt worden wäre. Diese Fehlentscheidung des Liniernrichters hatte dem FC R die Meisterschaft der tipp3-BL „gekostet", sodass dieser in weiterer Folge durch das Nichterreichen der Meisterschaft der ÖFBL einen beträchtlichen Vermögensschaden erlitten hatte. Könnte diese Fehlentscheidung des Schiedsrichterassistenten etwaige haftungsrechtliche Konsequenzen für den ÖFB bzw die ÖFBL nach sich ziehen?

2.6 Beispiel 25 („fusionsvereitelnder Verein")

Mit Grundsatzvereinbarung vom 12.10.2001 wurde zwischen den Fußballvereinen SV L und SV F aufgrund der schlechten finanziellen Situation beider Vereine festgelegt, dass eine Fusion angestrebt werden sollte. Im Rahmen dieser Grundsatzvereinbarung wurde ua festgehalten, dass dem Obmann O des SV F, der in der Vergangenheit für diesen Verein hohe finanzielle Verpflichtungen übernommen hatte, sämtliche Transferrechte der Spieler, die zu diesem Zeitpunkten bei den Vereinen SV L und SV F verbandsrechtlich registriert waren, zustehen sollen. Mit diesen Transfererlösen soll es dem Obmann O des SV F möglich gemacht werden, seine für den SV F bis dato übernommenen finanziellen Verpflichtungen abzudecken. In weiterer Folge wurde diese Fusion jedoch vom SV L bewusst vereitelt, sodass sich der Obmann O des SV

F veranlasst sah, den SV L auf Feststellung, dass ihm sämtliche Transfererlöse, welche der SV L aufgrund der Vereinswechsel von Spielern erzielt hat, zustehen würden, zu klagen. Wird der Obmann O des SV F mit seiner Feststellungsklage gegenüber dem SV L durchdringen?

B. Haftung im Verein

1. Fallkonstellationen der Haftung

1.1 Haftung des Vereins gegenüber Dritten nach dem VerG 2002

Für Vereine gilt – wie für alle anderen juristischen Personen – das Trennungsprinzip, dh die Rechts- und Vermögenssphären des Vereins einerseits und seiner Organwalter sowie sonstiger Mitglieder sind zu trennen (vgl OGH 31.5.1983, 5 Ob 714/81, GesRZ 1983, 153 = JBl 1983, 592). Als Ausfluss dieses Trennungsprinzips legt die Bestimmung des § 23 S 1 fest, dass für sämtliche Verbindlichkeiten des Vereins dieser selbst mit seinem Vermögen haftet. Das Privatvermögen der Organwalter bzw Vereinsmitglieder steht dem Durchgriff durch die Gläubiger des Vereins somit grundsätzlich nicht zur Verfügung. Diese haften gemäß § 23 S 2 nur dann persönlich, wenn sich dies aus anderen gesetzlichen Verpflichtungen, bspw aus § 9 iVm § 80 BAO, oder aufgrund persönlicher rechtsgeschäftlicher Verpflichtung, zB aus einer Übernahme einer Bürgschaft für einen Bankkredit des Vereins, ergibt.

1.1.1 Haftung des Vereins gegenüber Dritten für Repräsentanten

Bei der sog Repräsentantenhaftung handelt es sich um die Frage, unter welchen Voraussetzungen der Verein mit seinem Vermögen für deliktische Handlungen seiner Organe oder sonstiger ihm nahestehender Personen einzustehen hat. Grundsätzlich ist der Verein als juristische Person selbst nicht deliktsfähig. Nach der hL haftet der Verein als juristische Person für das deliktische Verhalten seiner Organe. Dem Organwalter ist jedoch auch der sog „Repräsentant" des Vereins gleichgestellt, der – ohne eine formelle Organstellung innezuhaben – eine leitende Funktion mit selbständigem Wirkungskreis im Verein ausfüllt. Das Handeln eines Repräsentanten wird dem Verein dann zugerechnet, wenn er im Rahmen des ihm übertragenen Wirkungsbereichs bei seiner Tätigkeit ein deliktisches Verhalten gegenüber einem Dritten setzt (vgl OGH 25.8.2005, 6 Ob 96/05x).

1.2 Haftung der Organwalter des Vereins nach dem VerG 2002

Funktionäre sind idR ehrenamtlich tätig. Manche Funktionäre erhalten jedoch eine Aufwandsentschädigung als Abgeltung für ihre Tätigkeit. Die zivilrechtliche Haftung des Funktionärs als Mitglied eines Organs in einem Verein bzw Verband besteht einerseits gegenüber dem Verein und andererseits gegenüber dritten Personen, insbesondere den Gläubigern des Vereins.

1.2.1 Haftung der Organwalter des Vereins gegenüber dem Verein

Die Haftung von Organwaltern und Rechnungsprüfern gegenüber dem Verein, die Geltendmachung von Ersatzansprüchen des Vereins gegenüber einem Organwalter und der Verzicht auf Ersatzansprüche durch den Verein wird in den Bestimmungen der §§ 24 bis 26 geregelt. Der Organwalter bzw Rechnungsprüfer hat dem Verein jenen Schaden zu ersetzen, der durch Verletzung seiner gesetzlichen und statutarischen Pflichten unter Missachtung der Sorgfalt eines ordentlichen und gewissenhaften Organwalters entstanden ist (§ 24

Abs 1 S 1). Weitere Voraussetzungen für eine Haftung sind, dass sich der Organwalter bzw Rechnungsprüfer pflicht- und damit rechtswidrig verhalten hat, die Pflichtverletzung auf einem schuldhaften Verhalten beruht und der Schaden aufgrund des pflichtwidrigen Verhaltens des Organwalters entstanden ist.

Als Haftungsmaßstab von Funktionären des Vereins gilt der ordentliche und gewissenhaft handelnde Organwalter (vgl OGH 22.10.1997, 7 Ob 2339/96p, SZ 70/215 = ecolex 1998, 327). Ob der Funktionär die dafür erforderliche Sorgfalt einhält, richtet sich nach objektiven Gesichtspunkten. Dabei wird nicht nur auf den Grad der Aufmerksamkeit und des Fleißes abgestellt, sondern auch darauf, ob der Organwalter über die für seine Tätigkeit erforderlichen Fähigkeiten und Kenntnisse verfügt. Der Organwalter gilt dabei als Sachverständiger iSd §§ 1299, 1300 ABGB. Der für die Haftung relevante Sorgfaltsmaßstab ist jedoch nicht für alle Vereine und Organwalter gleich. So ist es selbstverständlich, dass zwischen einem Obmann eines kleineren Vereins ein anderer Haftungsmaßstab anzulegen ist als bei einem Obmann eines großen Vereins.

§ 24 Abs 1 S 2 legt fest, dass ein Organwalter oder Rechnungsprüfer, der für den Verein unentgeltlich tätig ist, nur bei Vorsatz oder grober Fahrlässigkeit haftet. Dies allerdings nur dann, wenn nichts anderes vereinbart wurde oder in den Statuten festgeschrieben ist (§ 24 Abs 1 S 2). Im Rahmen der Praxis hat sich gezeigt, dass die alte Regelung vor der Novellierung des VerG 2002 durch BGBl I Nr 137/2011, wonach bei der Beurteilung des Sorgfaltsmaßstabes für die Haftung eines Organwalters bzw Rechnungsprüfers die Unentgeltlichkeit der Tätigkeit zu berücksichtigen war, hinsichtlich der Rechtssicherheit zunehmend zu einem Hindernis für ein ehrenamtliches Engagement geworden ist, da den unentgeltlich tätigen Funktionären unklar war, in welchem Ausmaß die Unentgeltlichkeit im Rahmen einer etwaigen Haftung ihrerseits zu berücksichtigen ist. Aus diesem Grunde wurde ua die Bestimmung des § 24 durch BGBl I Nr 137/2011 einer Novellierung unterzogen. Ziel dieser Novelle war einerseits die Begrenzung des Haftungsrisikos für unentgeltlich tätige Mitglieder eines Vereinsorgans auf ein zumutbares Maß und andererseits die Schaffung der Möglichkeit eines Rückersatzanspruchs der Organwalter bzw Rechnungsprüfer gegenüber dem Verein bei einer Inanspruchnahme durch einen Dritten. Ist ein unentgeltlich tätiger Organwalter bzw Rechnungsprüfer einem Dritten zum Ersatz eines in Wahrnehmung seiner Pflichten verursachten Schadens verpflichtet, so ist es ihm möglich, vom Verein die Befreiung von der Verbindlichkeit zu fordern (§ 24 Abs 5 S 1). Dies gilt allerdings nicht, wenn der Schaden vorsätzlich oder grob fahrlässig verursacht worden ist oder wenn eine andere Vereinbarung getroffen wurde sowie in den Statuten etwas anderes festgeschrieben wurde (§ 24 Abs 5 S 2). In § 24 Abs 6 ist nach dem Vorbild des § 3 Abs 4 DHG geregelt, dass der Organwalter bzw Rechnungsprüfer dem Verein im Falle einer klagsweisen Inanspruchnahme durch den Dritten den Streit verkünden muss. Eine von einem Verein abgeschlossene Haftpflichtversicherung hat auch den in § 24 Abs 5 S 1 beschriebenen Anspruch eines Organwalters oder Rechnungsprüfers gegenüber dem Verein zu decken (§ 24 Abs 7).

1.2.2 Haftung der Organwalter des Vereins gegenüber Dritten

Die Haftung des Funktionärs gegenüber außenstehenden Dritten wird auch als „Außenhaftung" bezeichnet. In wirtschaftlichen Krisen eines Vereins können dessen Funktionäre auch von Gläubigern des Vereins in Anspruch genommen werden. So können die Funktionäre va durch die Abgabenbehörde oder die Sozialversicherungsträger haftungsrechtlich in Anspruch genommen werden. In den Insolvenzverfahren von Profifußballvereinen, welche in Österreich mittlerweile keine Seltenheit mehr darstellen, zeigt sich sehr oft, dass die Vereine insbesondere beim Finanzamt und bei der GKK beträchtliche Verbindlichkeiten besitzen. Die praktisch bedeutsamsten Haftungsbestimmungen gegenüber Gläubigern des Vereins befinden sich in der BAO (vgl Vierter Abschnitt Pkt B. 1.2.2.1) und im ASVG (vgl Vierter Abschnitt Pkt B. 1.2.2.2).

1.2.2.1 Haftung im Steuerrecht

Gemäß § 9 Abs 1 iVm § 80 Abs 1 BAO haften die zur Vertretung juristischer Personen berufenen Organwalter neben den durch sie vertretenen Abgabepflichtigen für die diese treffenden Abgaben insoweit, als die

Abgaben infolge schuldhafter Verletzung der den Vertretern auferlegten Pflichten nicht mehr eingebracht werden können. Diese Haftungsbestimmung gelangt auch bei einem Verein als juristische Person zur Anwendung und trifft jene Funktionäre, die aufgrund der Statuten berechtigt sind, den Verein gemäß § 5 Abs. 1 nach außen zu vertreten (vgl VwGH 13.11.1992, 91/17/0047). Besteht bspw der Vorstand eines Vereins aus mehreren Personen, sind jedoch nicht alle Vorstandsmitglieder vertretungsbefugt, so gelangt die Haftung nach der BAO nur für die vertretungsbefugten Personen zur Anwendung. Dies ist va beim Präsidium als Teil des Vorstands der Fall. Für die Haftung nach der BAO ist es – wie für die Haftung der Organwalter bzw Rechnungsprüfer – völlig irrelevant, ob die Bestellung der Person zum Organwalter gemäß § 14 Abs 2 der Vereinsbehörde angezeigt wurde oder nicht. Bereits durch die Wahl und deren Annahme wird für die Organwalter die Verpflichtung begründet, die dem Verein nach der BAO obliegenden Pflichten zu erfüllen (vgl VwGH 13.11.1992, 91/17/0047).

1.2.2.2 Haftung im Sozialversicherungsrecht

Nach der Bestimmung des § 67 Abs 10 ASVG haften die zur Vertretung juristischer Personen berufenen Personen im Rahmen ihrer Vertretungsmacht neben den durch sie vertretenen Beitragsschuldnern für die von diesen zu entrichtenden Beträgen insoweit, als die Beiträge infolge schuldhafter Verletzung der den Vertretern auferlegten Pflichten nicht eingebracht werden können (vgl VwGH 30.11.1993, 93/08/0096, ZfVB 1995/212). Die Haftung nach dem ASVG trifft nur die gesetzlichen Vertreter der juristischen Person, nicht jedoch auch die durch Rechtsgeschäft bevollmächtigten Vertreter.

1.2.2.3 Haftung im Insolvenzrecht

Die Vereinsfunktionäre kann auch eine Haftung wegen Konkursverschleppung treffen. Für Vereine als juristische Personen gilt sowohl die Zahlungsunfähigkeit gemäß § 66 IO als auch die Überschuldung nach § 67 leg cit als Eröffnungsgrund eines Insolvenzverfahrens. § 69 Abs 2 S 1 leg cit legt fest, dass das Leitungsorgan des Vereins bei Vorliegen einer Überschuldung oder Zahlungsunfähigkeit unverzüglich, spätestens aber 60 Tage nach deren Eintritt, den Antrag auf Eröffnung eines Insolvenzverfahrens zu stellen hat (vgl OGH 10.4.2008, 9 ObA 117/06f, SZ 2008/51). § 69 leg cit gilt als Schutzgesetz zu Gunsten der Gläubiger iSd § 1311 ABGB. Wird diese Bestimmung des § 69 leg cit von einem organschaftlichen Vertreter verletzt, dh kommt ein Organwalter seiner Insolvenzantragspflicht nicht oder nicht innerhalb der 60-Tages-Frist nach, so kann jeder Gläubiger den Vertreter persönlich schadenersatzrechtlich in Anspruch nehmen.

Bei einem mehrköpfigen Leitungsorgan ist jedes Mitglied sowohl berechtigt als auch verpflichtet, bei Eintreten der Zahlungsunfähigkeit bzw Überschuldung des Vereins einen Antrag auf Eröffnung des Insolvenzverfahrens zu stellen. Dies gilt sogar dann, wenn in den Statuten Gesamtvertretungsbefugnis vereinbart ist. Selbst eine allfällige Ressortverteilung innerhalb des Leitungsorgans ändert an dieser Verpflichtung nichts (vgl OGH 13.6.2006, 11 Os 52/05i, JBl 2007, 33 = ecolex 2007/173).

1.2.2.4 Haftung im Verwaltungsstrafrecht

Gemäß § 9 Abs 1 VStG ist für die Einhaltung der Verwaltungsvorschriften durch eine juristische Person, zu denen auch der Verein zählt, derjenige verwaltungsstrafrechtlich verantwortlich, wer zur Vertretung nach außen befugt ist. Den vertretungsbefugten Organen des Vereins ist es jedoch möglich, aus ihrem Kreis eine oder mehrere verantwortliche Personen, sog „verantwortliche Beauftragte" zu bestellen, welche für den gesamten Verein oder für bestimmte räumlich oder sachlich abgegrenzte Bereiche davon die Verantwortung für die Einhaltung von Verwaltungsvorschriften übernehmen, dh durch die Bestellung eines verantwortlichen Beauftragten können die Mitglieder des Vertretungsorgans des Vereins ihre verwaltungsstrafrechtliche Verantwortlichkeit auf den Beauftragten abwälzen. Die Mitglieder des Vertretungsorgans bleiben gemäß § 9 Abs 6 leg cit dennoch strafrechtlich verantwortlich, wenn sie die konkrete Verwaltungsstraftat vorsätzlich nicht verhindert haben.

1.3 Haftung der Mitglieder des Vereins nach dem VerG 2002

Das einzelne Vereinsmitglied haftet für Schulden des Vereins grundsätzlich nicht, weil der Verein – wie bereits im Vierten Abschnitt unter Punkt B. 1.1 ausgeführt – als juristische Person selbst haftet. Im VerG 2002 sind keine Regelungen bezüglich einer Haftung der Mitglieder zu finden. Dies heißt jedoch keineswegs, dass die Vereinsmitglieder bei bestimmten Voraussetzungen nicht haftungsrechtlich in Anspruch genommen werden können. Eine Haftung des einzelnen Mitglieds für Schulden des Vereins ist insbesondere dann gegeben, wenn seitens des Mitglieds gegenüber dem Verein eine Verpflichtungserklärung, bspw Erklärung des Schuldbeitritts oder Übernahme einer Bürgschaft, abgegeben wird. Beim Schuldbeitritt, auch sog „kumulative Schuldübernahme" genannt, gemäß § 1406 ABGB tritt das Vereinsmitglied als neuer Schuldner neben den Verein als alten Schuldner, sodass das Mitglied und der Verein nunmehr solidarisch haften. Im Zweifel ist eine Schuldübernahme als Schuldbeitritt und nicht als Schuldeintritt zu deuten (§ 1406 Abs 2 leg cit). Für die Gläubiger des Vereins sind mit der Schuldübernahme durch ein Mitglied keinerlei Gefahren verbunden, weil ihnen nunmehr ein größerer „Haftungsfonds" zur Verfügung steht. Deshalb ist es auch nicht notwendig, dass die Gläubiger der kumulativen Schuldübernahme durch das Vereinsmitglied zustimmen. Die Schuldübernahme, welche nach der stRsp des OGH nicht formbedürftig ist (vgl OGH 4.2.1993, 6 Ob 619/92, JBl 1993, 657 = ecolex 1993, 302), erfolgt durch einen Vertrag zwischen dem beitretenden Vereinsmitglied und dem Verein als Altschuldner oder durch Vertrag zwischen dem Mitglied und dem Gläubiger. Möglich wäre auch, dass das Vereinsmitglied mit dem Gläubiger einen Bürgschaftsvertrag gemäß §§ 1346 ff leg cit abschließt. Dieser dient der Sicherstellung der Forderung des Gläubigers, wenn der Verein seine Schuld gegenüber dem Gläubiger nicht berichtigt. Die Verpflichtungserklärung des Vereinsmitglieds – nicht jedoch der ganze Bürgschaftsvertrag – als Bürge bedarf hier jedoch der Schriftform (§ 1346 Abs 2 leg cit). Auch im Falle einer völlig unzureichenden Kapitalausstattung in Form einer qualifizierten Unterkapitalisierung des Vereins als juristische Person wäre ein Haftungsdurchgriff auf die Mitglieder möglich. Dies könnte insbesondere dann der Fall sein, wenn die Kapitalausstattung eindeutig und klar erkennbar nicht ausreichend ist und daher ein Mißerfolg zu Lasten der Gläubiger mit hoher Wahrscheinlichkeit eintreten wird (vgl OGH 8.11.2001, 6 Ob 188/01t, SZ 1974/183 = RdW 2002/210).

1.4 Zivilrechtliche Haftung des Vereins als Veranstalter

Die stRsp stellt auf einen funktionalen Veranstalterbegriff ab. So gilt derjenige als Veranstalter, der auf die Veranstaltung hinsichtlich Ablauf und Organisation unmittelbar Einfluss nehmen kann (vgl OGH 17.1.2012, 4 Ob 203/11y; 19.2.2008, 5 Ob 1/08w, Zak 2008/375 = ZVR 2008/202 [*Kathrein*] = SpuRt 2010, 24 = ZVR 2009/38 [*Danzl*]; 23.3.1993, 2 Ob 526/93, SZ 66/40 = ZVR 1994/29). Wer de facto als Veranstalter gilt, wird idR in den Satzungen des Vereins bzw Verbands geregelt. Auch Unternehmen in jeglicher Gesellschaftsform können als Veranstalter auftreten. So greifen selbst Vereine bei der Ausrichtung von Sportveranstaltungen in größeren Dimensionen auf die Gründung von Sportunternehmen, meist in Form von Kapitalgesellschaften, zurück.

1.4.1 Exkurs: Vereine und ÖFB bzw ÖFBL als Veranstalter im österreichischen Amateur- und Profifußball

Im Bereich des österreichischen Amateurfußballs ist der ÖFB gemäß § 2 Abs 1 Meisterschaftsregeln des ÖFB als Dachverband für alle Meisterschaftsspiele zuständig und gilt somit in weiterer Folge neben dem Verein als Mitveranstalter. Für die Meisterschaftsspiele der tipp3-BL sowie „Heute für Morgen" Erste Liga ist dagegen die ÖFBL als Verband zuständig (§ 2 Abs 1 lit c Satzungen der ÖFBL). In diesem Fall gilt die ÖFBL als Mitveranstalter neben dem Verein der ÖFBL.

1.4.2 Haftung gegenüber Zusehern einer Veranstaltung

Der Begriff des Zusehers wird weder in der Rsp noch in der Literatur einer näheren Definition zugeführt. Sein Begriffsverständnis wird vielmehr als allgemein bekannt vorausgesetzt. Unter einem Zuschauer ist diejenige Person zu verstehen, die der Veranstaltung wissentlich beiwohnt, ohne darüber hinaus weitere Funktionen zu bekleiden und deren Interesse ausschließlich auf das Zuschauen der Veranstaltung beschränkt ist. Der Veranstalter hat jedoch auch außenstehende Dritte in das Kalkül seiner Sicherheitsvorkehrungen einzubeziehen, wenn dem Veranstalter bekannt ist bzw bekannt sein müsste, dass grundsätzlich die Möglichkeit besteht, dass dieser Personenkreis mit der Veranstaltung in Berührung kommen könnte. Nach der stRsp des OGH trifft jeden, der eine seiner Verfügung unterliegende Anlage dem Zutritt eines Personenkreises eröffnet oder auf seinem Grund einen Verkehr für Menschen unterhält, eine Verkehrssicherungspflicht (vgl OGH 17.1.2012, 4 Ob 203/11y, SpuRt 2012, 107). Er ist insbesondere dazu verpflichtet, die Anlage für die befugten Benützer in einem verkehrssicheren und gefahrlosen Zustand zu erhalten und vor erkennbaren Gefahren zu schützen.

Die Haftung des Veranstalters gegenüber dem zahlenden Zuseher resultiert aus der Verletzung vertraglicher Schutz- und Sorgfaltspflichten. Es liegt eine Vertragshaftung vor, da der Zuseher durch das Lösen einer Eintrittskarte mit dem Veranstalter einen Werkvertrag bzw gemischten Vertrag, dh einen sog „Zuschauervertrag", abschließt (vgl OGH 21.10.1953, SZ 26/255; 4.12.1957, JBl 1958, 126; 25.5.1970, EvBl 1970/344; 20.3.1984, 5 Ob 533/84, EvBl 1984/81 = SZ 57/57 = ZVR 1985/164). Die konkreten Zutrittsbedingungen zum Stadiongelände werden idR durch die Vereine im Rahmen einer Stadion- bzw Hausordnung festgelegt. Im Rahmen dieser Hausordnung, die am Gelände des veranstaltenden Vereins idR mehrfach deutlich sichtbar angebracht ist, wird vom Verein klargestellt, dass die Hausordnung für jeden Besucher der Veranstaltung am jeweiligen Veranstaltungsort Gültigkeit besitzt. Alternativ zu dieser konkludenten Unterwerfung des Besuchers unter die Stadionordnung des Vereins, könnte die Geltung der Stadionordnung auch mit Hilfe der Aufnahme in die AGB des Vereins, welche sich auf der Eintrittskarte befinden, vereinbart werden. Mit dem Lösen der Eintrittskarte unterwirft sich der Zuschauer also der jeweiligen rechtlichen Ordnung des veranstaltenden Vereins. So enthält die Eintrittskarte des österreichischen Fußball-Rekordmeisters SK Rapid Wien folgende Klausel: *„Mit dem Erwerb dieser Eintrittskarte unterwirft sich der Käufer der Stadionordnung des Gerhard Hanappi-Stadions und den Sicherheitsrichtlinien der ÖFBL."*

Welche einzelnen Maßnahmen vom Veranstalter in concreto zum Schutz der Zuschauer zu setzen sind, hängt von der Größe der Veranstaltung ab. Aber auch der Zahl der zu erwartenden Zuseher der Veranstaltung kommt besondere Bedeutung zu, weil sich mit der Zahl der Zuseher logischerweise auch die aus der Veranstaltung drohenden Gefahren erhöhen. So lassen sich bspw bei einer Sportveranstaltung folgende allgemeine Gefahrenquellen erkennen: Sicherung von Zu- und Abgängen der Sportstätten, zahlenmäßige Kontrolle des Kartenverkaufs, Freihaltung der Flucht-, Rettungs- und Notwege sowie Kontrolle des Getränkeausschanks. Neben diesen allg Sicherungsverpflichtungen von Sportveranstaltungen treten noch die jeweiligen sportspezifischen, welche je nach Sportart unterschiedlich ausgestaltet sind. Im Bereich des Fußballsports hat der Veranstalter die Zuseher auf einer Tribüne hinter dem Tor durch ein Gitter oder Fangnetz zu schützen (vgl OGH 2.4.1997, 7 Ob 2415/96i, ZVR 1998/91, zum Eishockeysport vgl OGH 20.3.1984, 5 Ob 533/84, EvBl 1984/81 = SZ 57/57 = ZVR 1985/164; OGH 21.06.2007, 6 Ob 106/07t, SpuRt 2008,107 [*Resch*] = immolex 2010,106 [*Lindinger*]). Dies gilt selbst dann, wenn eine solche Schutzeinrichtung weder vom jeweiligen Fußballlandesverband noch von der Behörde angeordnet wird.

1.4.3 Haftung gegenüber einem Sportler

Erleiden Sportler Verletzungen oder Schäden, dann können die Vereine bzw Verbände dafür aus einer vertraglichen Rechtsbeziehung (Haftung ex contractu), Delikt (Haftung ex delictu) sowie aus dem Titel der

Gefährdungshaftung schadenersatzrechtlich in Anspruch genommen werden. Ein vertragliches Rechtsverhältnis zwischen dem Sportverein als Veranstalter und dem Sportler als Vereinsmitglied besteht bereits aufgrund des Mitgliedschaftsverhältnisses (vgl OGH 26.8.2004, 6 Ob 11/04t; Jus-Extra OGH-Z3881 = ZVR 2005, 89 [*Danzl*] = ARD 5606/9/05 = SpuRt 2005, 244 = SpuRt 2007, 19 = Zak 2008/328 [*Reissner*]). Allerdings besteht für den Sportler als Vereinsmitglied daraus keine Pflicht, sich auch wirklich sportlich zu betätigen. Nur im bezahlten Leistungssport wird zwischen dem Sportler und dem Verein als Veranstalter eine vertragliche Verpflichtung des Sportlers in Form eines Spielervertrags oder einer Athletenvereinbarung statuiert, sodass sich der einzelne Sportler im Schadensfalle für den Ersatz des Schadens auf den Vertrag als Haftungsgrundlage berufen kann (vgl OGH 23.3.1993, 2 Ob 529/93, SZ 66/40 = ZVR 1994/29). Im Bereich des Fußballsports wurde eine Verletzung der Verkehrssicherungspflicht des Vereins als Veranstalter eines Fußballspiels bejaht, weil die betreffende Werbetafel den von der Seitenoutlinie erforderlichen Mindestabstand von 1,5 m nicht aufwies und nicht aus festem Material, sondern aus biegsamem Metall bestand und ein Spieler als Vereinsmitglied in weiterer Folge zu Schaden kam. Nach einem Zweikampf mit einem Spieler der gegnerischen Mannschaft prallte der Spieler gegen die nicht ordnungsgemäß angebrachte Werbetafel, sodass dieser mehrere Verletzungen erlitt (vgl OGH 26.8.2004, 6 Ob 11/04t; Jus-Extra OGH-Z3881 = ZVR 2005, 89 [*Danzl*] = ARD 5606/9/05 = SpuRt 2005, 244 = SpuRt 2007, 19 = Zak 2008/328 [*Reissner*]).

Die deliktsrechtliche Haftung des Vereins/Verbands gegenüber dem Sportler resultiert aus einem aktiven Tun oder pflichtwidrigen Unterlassen des Vereins bzw Verband, in dessen weiterer Folge der Sportler zu Schaden kommt. Unter der Deliktshaftung versteht man jene Haftung, die sich aus der Verletzung einer Verhaltenspflicht ergibt, die für jedermann und gegenüber jedermann besteht. In der Praxis kommen im Sport häufiger Pflichtverletzungen durch Unterlassen vor. Verstößt der Veranstalter in schuldhafter Weise gegen die ihn treffenden Verkehrssicherungspflichten, trifft diesen im Schadensfall des Sportlers allgemein auch eine deliktische Haftung gemäß § 1295 Abs 1 ABGB. So können bspw Sportler grundsätzlich darauf vertrauen, dass der Verein/Verband für die Sicherheit der Sportanlage sowie für die ordnungsgemäße Organisation eines Übungs- oder Trainingsbetriebs oder Wettkampfes sorgt. Ein Verein/Verband haftet aber auch nach den Bestimmungen der Gefährdungshaftung, wenn er bspw Halter iSd § 5 Abs 1 EKHG ist, also speziell im Autosport.

1.4.4 Haftung für rassistische Äußerungen von Zusehern einer Veranstaltung

Besonders im Sport existiert das Problem des Rassismus. Betrachtet man die Sportarten mit den besonders großen Zuschaueraufkommen, nämlich Fußball, Handball, Basketball, Eishockey und Tennis, so ergibt sich, dass der eindeutige Schwerpunkt rassistischer Vorfälle beim Fußball liegt. Die diesbezüglichen Vorfälle im österreichischen Fußballsport sind so gravierend, dass der ÖFB als auch die ÖFBL diesbezügliche Bestimmungen in ihre Verbandsregelwerke aufgenommen haben (vgl § 112 ÖFB-RPO, § 6 Abs 3 Sicherheitsrichtlinien der ÖFBL). Es ist unstrittig, dass einem Opfer rassistischer Anfeindung, bspw einem Spieler der Gastmannschaft, der von einem Fan der Heimmannschaft mit den Worten *„Du dreckiger Neger, geh' Bananen fressen"*, beschimpft wird, zivilrechtliche Ansprüche gegen den Schädiger zustehen. Rassistische Äußerungen könnten für den Schädiger jedoch auch strafrechtliche Folgen nach sich ziehen. In bestimmten Konstellationen kommt jedoch auch eine Haftung des Vereins als Veranstalter in Betracht, da Ansprüche gegen den Primärschädiger oft nicht verfolgt werden können. So kann bei einer Verunglimpfung eines Spielers durch einen Zuseher dieser aufgrund mangelnder Identifizierung oft nicht verfolgt werden. Eine deliktische Haftung des Veranstalters für rassistische Äußerungen könnte sich aus der Verletzung einer Verkehrssicherungspflicht ergeben, da der Veranstalter mit der Durchführung der Veranstaltung für die Öffentlichkeit einen Gefahrenbereich eröffnet, weshalb er zur Einhaltung verschiedener Sicherheitsmaßnahmen verpflichtet ist. In diesem Rahmen obliegt dem Veranstalter in concreto der Schutz von Personen vor rassistischen Verunglimpfungen. ME ist somit bei rassistischen Äußerungen dann eine Haftung des Veranstalters zu bejahen, wenn ihm die fahrlässige Verletzung einer Verkehrssicherungspflicht anzulasten ist. Der Veranstalter hat durch eine entsprechende Organisation zu sorgen, dass er eine bevorstehende Gefahrenlage erkennt, dh er darf keinesfalls erst zukünftige Ereignisse abwarten. Eine Verantwortung des Veranstalters ist jedoch nicht in allen Fällen gegeben. Insbesondere in den Fällen erstmaliger Verunglimpfungen scheidet mE das Vorliegen einer Verkehrssicherungspflicht seitens des Veranstalters aus.

1.4.5 Haftung für Zuseherausschreitungen bei einer Veranstaltung

Zuschauerausschreitungen haben sich in den vergangenen Jahren bei Veranstaltungen, insb im Fußballsport, nicht nur im Rahmen internationaler Begegnungen, sondern auch innerhalb der höchsten nationalen Ligen, mitunter sogar im Bereich des Amateurfußballs, zu einem virulenten Rechtsproblem entwickelt. Kommt es zu Zuschauerausschreitungen, so treffen die oft drastischen verbandsrechtlichen Sanktionen primär die Vereine. Sie sind die ersten Adressaten der Verbandsgerichte, da der einzelne Zuseher idR gar nicht der Verbandsgewalt untersteht. Die in Frage stehenden Verbandsstrafen sind Geldstrafen, Platzsperren sowie Zuschauerausschlüsse (sog „Geisterspiele", vgl § 20 ÖFB-Meisterschaftsregeln iVm § 116 ÖFB-RPO). In den Verbandsstatuten findet sich idR die Statuierung einer verschuldensunabhängigen Einstandspflicht (sog „strict liability-Haftung") für die Heim- und Gästevereine (vgl § 20 ÖFB-Meisterschaftsregeln iVm § 116 ÖFB-RPO). Wenn der Verein als Veranstalter gegenüber dem Verband für eine Zuschauerausschreitung ersatzpflichtig wird, stellt sich das Rechtsproblem des Regresses gegenüber dem unmittelbaren Verursacher. Während in Österreich – soweit für den Autor überschaubar – zur Regressmöglichkeit des Vereins gegenüber einem Zuseher lediglich die Entscheidung des LGZ Wien 34 R 163/10 p vom 25. 11. 2011 (vgl LGZ Wien 25. 11. 2011, 34 R 163/10 p, ZVR 2012/107, 204 [*Kathrein*]) vorliegt, stellt sich die Situation in Deutschland ganz anders dar. In Deutschland existieren nämlich bereits einige Entscheidungen, welche – im Gegensatz zur Entscheidung des LGZ Wien 34 R 163/10 p vom 25. 11. 2011 – die Regressmöglichkeit für Verbandsstrafen gegenüber Zusehern bestätigen (vgl Düsseldorf 25. 8. 2011, 11 O 339/10, SpuRt 2012, 161; LG Rostock 16. 6. 2005, 9 O 328/04, SpuRt 2006, 83 = NJW-RR 2006, 90; OLG Rostock 28. 4. 2006, 3 U 106/05, SpuRt 2006, 239 = CaS 3/2006, 400 [*Cherkeh/Schroeder*] = NJW 2006, 1819 = MDR 1/2007, 34; AG Brake 8. 6. 1988, 7 C 685/87, SpuRt 1994, 205. ME kann ein Sportverein – entgegen der in der Entscheidung des LGZ Wien 34 R 163/10 p von diesem vertretenen Rechtsauffassung – von einem Zuschauer, der während der Veranstaltung in den Spielbetrieb störend eingreift, den Ersatz der Verbandsstrafe fordern, die ihm von einem Spruchkörper eines Sportverbands auferlegt worden ist.

1.4.6 Haftung für die Sicherheit von Anlagen

Anlagen eines Vereins sind alle unbeweglichen räumlichen Einrichtungen, die der Ausübung der Vereinstätigkeit gewidmet sind. Zu den Anlagen eines Fußballvereins zählen bspw das Sportstadion sowie das Trainingszentrum. Die Haftung trifft primär den Eigentümer der Anlage. Als Eigentümer kommen sowohl natürliche als auch juristische Personen des Privatrechtes oder des öffentlichen Rechtes, wie bspw Gemeinden, in Frage. Der Eigentümer der Anlage ist dafür verantwortlich, dass die Anlagen sicherheitstechnisch allen diesbezüglichen öffentlich-rechtlichen Vorschriften, bspw der Bauordnung des jeweiligen Bundeslandes, sowie den Vorschriften der Verbände entsprechen. Kommt bspw ein Zuschauer zu Schaden, weil sich ein Teil des Tribünendaches ablöst und herunterfällt, so trifft den Verein als Eigentümer des Daches eine Haftung gemäß § 1319 ABGB (vgl OGH 20.10.1964, 4 Ob 569/64, EvBl 1965/48). Die Bauwerkehaftung gemäß § 1319 leg cit trifft den „Besitzer" des Bauwerks. Dabei kommt es darauf an, wer die tatsächliche Verfügungsmacht über die Sache und damit die Möglichkeit der Gefahrenabwehr hat, sowie auf wessen Rechnung die Sache betrieben wird. Auch das Eigentum an der Anlage ist nicht entscheidend, sodass der Verein als Mieter einer Anlage vom Eigentümer als Besitzer iSd § 1319 leg cit gilt, sodass ihn die Haftung nach § 1319 leg cit trifft.

FÜNFTER ABSCHNITT
VEREINE UND INSOLVENZRECHT

A. Einleitung

1. Allgemeines

Früher kam es relativ selten vor, dass über einen Verein ein Insolvenzverfahren eröffnet werden musste. Trotz der zunehmenden Kommerzialisierung ist es jedoch unausweichlich, dass auch Vereine in wirtschaftliche Krisen geraten und insolvent werden. Die Insolvenz ist häufig begründet durch Misswirtschaft des Vorstands oder eines unerwarteten Ausfalls von Sponsorgeldern. Besonders im Fußballsport geraten Vereine immer wieder in Zahlungsschwierigkeiten. Besonders der österreichische Profifußball ist in den letzten Jahren von Insolvenzen keineswegs verschont geblieben.

2. Fallbeispiel

2.1 Beispiel 26 („in Insolvenz geratener Traditionsverein")

Am 2.3.2007 wurde über den Fußballklub GAK (damals Verein der tipp3-BL) beim LG für ZRS Graz ein Insolvenzverfahren eröffnet. Aufgrund von Streitigkeiten zwischen dem GAK und dem ehemaligen Spieler, Daniel Kimoni, wurde der GAK bereits vorher durch ein Erkenntnis der FIFA vom 8.12.2004 verpflichtet, dem Spieler Daniel Kimoni EUR 101.784,74 zu bezahlen. Gegen diese Entscheidung der FIFA ergriff der GAK ein Rechtsmittel an den CAS. Der CAS bestätigte schließlich die Entscheidung der FIFA. Der GAK anerkannte diese Entscheidung jedoch nicht, sodass in weiterer Folge auch keine Zahlungen an den Spieler Daniel Kimoni geleistet worden sind. Daraufhin wurde von der FIFA ein Disziplinarverfahren gegen den GAK eingeleitet. Die Disziplinarkommission der FIFA verhängte über den GAK eine Verbandsstrafe in der Höhe von CHF 25.000,--, weiters sprach sie aus, dass die Zahlung an den Spieler Daniel Kimoni bis spätestens zum 11.7.2006 zu erfolgen habe, widrigenfalls ein Punkteabzug oder der Abstieg in die nächsttiefere Spielklasse der ÖFBL drohe. Da der GAK weiterhin keine Zahlung an den Spieler leistete, forderte die FIFA den ÖFB und dieser wiederum die ÖFBL auf, die von der Disziplinarkommission der FIFA angedrohte Disziplinarmaßnahme des Punkteabzugs zu veranlassen. Im Anschluss daran verhängte dann der Senat 1 der ÖFBL mit Beschluss vom 14.3.2007 wegen der Nichtbefolgung der Entscheidung des CAS einen Abzug von 6 Punkten gegen den GAK für die Spielsaison 2006/07. Kurz darauf wurde vom Senat 5 der ÖFBL ein weiterer Abzug von weiteren 22 Punkten wegen Verstößen gegen die Verpflichtungen aus dem Lizenzierungsverfahren veranlasst. Daraufhin beantragte der Insolvenzverwalter des GAK beim LG für ZRS Graz eine EV, in der die vom Senat 1und Senat 5 der ÖFBL über den GAK verhängte Disziplinarstrafen in Form von Punkteabzügen wieder rückgängig gemacht werden sollten und der ÖFBL darüber hinaus versagt werden sollte, weitere Punkteabzüge oder einen Ausschluss des GAK vom Spielbetrieb anzuordnen. Hätten im Rahmen des Insolvenzverfahrens gegenüber dem GAK seitens der ÖFBL überhaupt sportliche Sanktionen in Form eines Punkteabzugs verhängt und vollzogen werden dürfen? Wären diese Punkteabzüge aufgrund der Umwandlungsvorschrift gemäß § 14 Abs 1 IO nicht als Geldleistungsanspruch in Form einer Insolvenzforderung anzumelden gewesen?

B. Krisenmanagement im Verein

1. Reaktionsmöglichkeiten in der Krise eines Vereins

Befindet sich der Verein in einer schwierigen wirtschaftlichen Situation, muss dies nicht zwangsläufig zu einer Insolvenz führen. Vielmehr liegt es an der Vereinsführung, im Vorfeld einer Insolvenz vereinsinterne Lösungsmöglichkeiten zu finden oder mit den Gläubigern des Vereins entsprechende Vereinbarungen zu treffen, die zu einer Verbesserung der wirtschaftlichen Situation des Vereins führen könnten.

1.1 Interne Sanierung

Die interne Sanierung eines Vereins umfasst jene Maßnahmen, die im Rahmen der durch das VerG 2002 vorgegebenen Finanzverfassung beschlossen werden können, um die wirtschaftliche Situation des Vereins zu verbessern. Dem Finanzierungsbedarf stehen jedoch nach dem VerG 2002 nur sehr eingeschränkte vereinsinterne Finanzierungsmöglichkeiten entgegen. So könnte seitens des Vereins eine Erhöhung der Mitgliedsbeiträge beschlossen werden. Diese können jedoch nur bedingt im Rahmen des für die Mitglieder Zumutbaren erhöht werden, sodass die Erhöhung der Mitgliedsbeiträge kein taugliches Mittel im Rahmen einer internen Sanierung darstellt. Auch die Restrukturierung des Vereins durch Umwandlung stellt eine Möglichkeit im Rahmen der internen Sanierung dar. Die – bereits im Dritten Abschnitt Pkt C. 1.2 beschriebene – Fusion zweier Vereine wäre ein gangbarer Weg, um eine Sanierung des übertragenden Vereins zu erreichen, solange der aufnehmende Verein wirtschaftlich gesund ist. Aber auch die Ausgliederung der Vermarktungs- und/oder Profisportabteilungen wäre eine Möglichkeit, den Verein wirtschaftlich zu sanieren (zur Ausgliederung vgl Dritter Abschnitt Pkt C. 1.4).

1.2 Externe Sanierung

Die externe Sanierung umfasst hingegen alle Maßnahmen der Vereinsführung, die ihre Wirksamkeit im Außenverhältnis entfalten. Eine Möglichkeit der externen Sanierung bietet der Abschluss eines außergerichtlichen Vergleichs mit allen Vereinsgläubigern. Der außergerichtliche Vergleich ist gesetzlich nicht geregelt und ist somit vom Prinzip der Vertragsfreiheit geprägt. Unter einem außergerichtlichen Vergleich versteht man eine Einigung zwischen dem Verein und sämtlichen Gläubigern des Vereins ohne Einschaltung eines Gerichts. Es handelt sich um eine Art privatrechtlichen Vertrag. Für den Abschluss eines außergerichtlichen Vergleichs fallen keinerlei Gerichtskosten an und die Zahlungsunfähigkeit des Vereins wird nicht öffentlich gemacht. Über eine außergerichtliche Sanierung kann bis zu 60 Tage ab Eintritt der Zahlungsunfähigkeit oder der Überschuldung verhandelt werden. Spätestens 60 Tage ab Eintritt der Zahlungsunfähigkeit oder der Überschuldung muss jedoch ein Antrag auf Eröffnung eines Insolvenzverfahrens gestellt werden. (§ 69 Abs 2 IO). Ein weiteres Mittel zur kurzfristigen vorläufigen Verbesserung der Liquidität des Vereins stellt die Vereinbarung einer Stundung mit dem Gläubiger einer Forderung dar. Mit einer Stundungsvereinbarung wird die Fälligkeit der Forderung zeitlich nach hinten verschoben. Im Vgl zur Stundung stellt das externe Sanierungsinstrument des Forderungsverzichts eine für den Gläubiger des Vereins wesentlich einschneidendere Maßnahme dar. Der Gläubiger des Vereins vereinbart mit dem Verein als Schuldner, dass der Gläubiger auf sein Recht verzichtet und dadurch dessen Verbindlichkeit aufhebt (§ 1444 ABGB). Der Verzicht muss nicht in jener Form abgegeben werden, in der die Schuld ursprünglich begründet wurde, dh es ist also kein contrarius actus notwendig. Schließlich ist auch noch die Aufnahme eines Gelddarlehens gemäß § 985 leg cit, welches das wichtigste und am häufigsten in Anspruch genommene Finanzierungsinstrument darstellt, um eine fehlende finanzielle Liquidität auszugleichen, zu erwähnen. Gelddarlehen können den Verein jedoch nur begrenzt sanieren, da nur eine kurz- oder mittelfristige Beseitigung der Zahlungsunfähigkeit erreicht werden kann. Dies aus dem Grunde, als jedes gewährte Gelddarlehen wiederum als Verbindlichkeit im Insolvenzstatus des Vereins berücksichtigt werden muss.

C. Verein im Insolvenzverfahren

1. Anwendbarkeit der IO

Ein Verein iSd § 1 Abs 1 ist wie jede juristische Person insolvenzfähig. Wer Träger von Rechten und Pflichten ist, gilt auch als insolvenzfähig. Aus diesem Grunde gelangt bei Zahlungsunfähigkeit bzw Überschuldung eines Vereins auch die IO zur Anwendung. Neben der IO als Hauptrechtsquelle spielt auch das IESG als Nebengesetz im Bereich des Vereinsrechts eine große Rolle.

1.1 Verhältnis der IO zum VerG 2002

Das Verhältnis der IO zu anderen Rechtsgebieten, insbesondere zum VerG 2002 sowie zum Verbandsrecht, wirft zahlreiche Rechtsfragen auf. Von besonderer Bedeutung ist dabei, ob das Insolvenzrecht das Vereins-/Verbandsrecht überhaupt verdrängen kann. Diese Frage spielte - im bereits im Fünften Abschnitt unter Pkt. A. 2.1 beschriebenen Beispiel 26 („in Insolvenz geratener Traditionsverein") – im Zusammenhang mit dem ersten Konkurs des GAK eine große Rolle (vgl LGZ Graz 28.3.2007, 28 Cg 23/07m, ecolex 2007/174 = ecolex 2007, 400 (*Grundei*) = SpuRt 2007, 197 [*Holzer/Herzog*]). Entgegen verstärkter Lehrmeinungen, dass dem Insolvenzrecht massive Verdrängungsneigung gegenüber anderen Rechtsbereichen zukomme, kommt dem Insolvenzrecht gegenüber dem VerG 2002 keine verdrängende Wirkung zugute. Dies aus dem Grunde, als eine Verdrängung anderer Rechtsbereiche durch das Insolvenzrecht ausdrücklich gesetzlich angeordnet sein müsste.

1.2 Voraussetzungen für die Eröffnung des Insolvenzverfahrens

Die Insolvenzeröffnung über einen Verein setzt gemäß § 66 Abs 1 IO Zahlungsunfähigkeit voraus. Dies ist insbesondere dann der Fall, wenn der Verein seine Zahlungen einstellt (§ 66 Abs 2 leg cit). Diese Zahlungsunfähigkeit des Vereins muß von Dauer sein, dh nur vorübergehende Zahlungsstockungen – wie sie bei Vereinen immer wieder üblich sind – bedeuten nicht, dass der Verein bereits zahlungsunfähig ist. Da der Verein eine juristische Person des Privatrechts darstellt, gilt für diesen auch der Insolvenzeröffnungsgrund der Überschuldung gemäß § 67 Abs 1 leg cit. Auch die Überschuldung muss von Dauer sein, dh sie liegt erst dann vor, wenn zum rechnerischen Überwiegen der Passiven des Vereins noch eine negative Fortbestehensprognose hinzutritt.

1.3 Antrag auf Eröffnung des Insolvenzverfahrens

Gemäß § 69 Abs 1 leg cit ist auf Antrag des Vereins das Insolvenzverfahren seitens des Insolvenzgerichts sofort zu eröffnen. Dieser Antrag ist seitens des Vereins ohne schuldhaftes Zögern, spätestens aber 60 Tage nach dem Eintritt der Zahlungsunfähigkeit bzw Überschuldung zu stellen (§ 69 Abs 2 leg cit). Die Verpflichtung zum Antrag des Vereins auf Eröffnung des Insolvenzverfahrens gemäß § 69 Abs 2 leg cit trifft die organschaftlichen Vertreter des Vereins (§ 69 Abs 3 leg cit). Gemäß § 72a Abs 1 leg cit sind die organschaftlichen Vertreter des Vereins zur Leistung eines Kostenvorschusses für die Anlaufkosten, jedoch höchstens EUR 4.000,--, zur ungeteilten Hand verpflichtet. Zur Leistung dieses Kostenvorschusses sind auch sämtliche Personen, die innerhalb der letzten drei Monate vor der Einbringung des Antrags auf Insolvenzeröffnung organschaftliche Vertreter des Vereins waren, verpflichtet. Die verfahrensrechtliche Umsetzung der Bestimmung des § 72a leg cit erfolgt durch § 72b Abs 1 leg cit, wonach das Gericht die organschaftlichen Vertreter des Vereins auffordert, den Kostenvorschuß zu erlegen und ein Vermögensverzeichnis abzugeben (vgl OGH 11.2.1999, 8 Ob 29/99v).

1.4 Verein im Insolvenzverfahren

Wird über den Verein vom Insolvenzgericht das Verfahren eröffnet, so ist dieser Beschluss des Gerichts durch Edikt öffentlich bekanntzumachen (§ 74 Abs 1 leg cit). Durch die Eröffnung der Insolvenz über den Verein gilt dieser als aufgelöst. Im VerG 2002 findet sich dahingehend jedoch keine gesetzliche Bestimmung, sodass im VerG 2002 ein planwidrige Lücke vorliegt. Zwischen der Auflösung und der Streichung aus dem Vereinsregister, also in der Zeit der Liquidation, besteht der Verein jedoch als Rechtsperson weiter (vgl OGH 12.9.1974, 7 Ob 135/74, JBl 1975, 424). Das gesamte Vereinsvermögen fällt in die Insolvenzmasse des Vereins, welches der Befriedigung der Gläubiger dient. Dazu gehören bspw bei einem Sportverein die Sportanlagen, Spiel- und Trainingsgeräte, sofern diese im Eigentum des Vereins stehen. Auch das rechtliche Schicksal von Mitgliederrechten im Rahmen der Insolvenz des Vereins ist äußerst interessant, als diese im Insolvenzfall des Vereins nicht mehr bestehen (vgl OGH 26.11.1998, 8 Ob 286/98m, SZ 71/202). Das VerG 2002 enthält selbst jedoch keinerlei Vorschriften über das rechtliche Schicksal von Mitgliederrechten im Insolvenzfalle des Vereins (zu den Mitgliederrechten vgl Dritter Abschnitt Pkt E. 2.1).

SECHSTER ABSCHNITT
VEREINE UND STRAFRECHT

A. Einleitung

1. Allgemeines

Im Bereich des Vereinsrechts besteht kein strafrechtsfreier Raum, sodass es auch bei Vereinen und deren Funktionären zu einer Anwendung des gerichtlichen Strafrechts, Verwaltungsstrafrechts sowie Vereins-/ Verbandsstrafrechts kommen kann. Ganz im Gegenteil sorgen Vereine und Funktionäre immer mehr für mediales Aufsehen, wenn sie in Konflikt mit dem Strafrecht geraten. So va im Bereich des österreichischen Profifußballs, wo in den letzten Jahren immer mehr Funktionäre vor dem Strafrichter „landeten". Der letzte medienwirksame Strafprozess fand in Graz statt, wo dem ehemaligen Präsidenten des SK Sturm Graz (tipp3-BL), Hannes Kartnig, sowie weiteren ehemaligen Organwaltern des SK Sturm Graz in den Jahren 2011/12 der Prozess gemacht wurde.

2. Fallbeispiele

2.1 Beispiel 27 („manipulierender Vereinsmanager")

Der Klubmanager M eines abstiegsbedrohten Fußballvereins V zahlt dem Torwart T der Mannschaft N, welche der letzte Saisongegner des Vereins V ist, wie zwischen diesen bereits zuvor abgesprochen, den Geldbetrag von EUR 10.000,-- dafür, dass der Torwart T der Mannschaft N absichtlich zwei Tore „durchlässt" und damit den Sieg der Mannschaft N des Managers M ermöglicht. Der Torwart T lässt de facto zwei Tore „durch", sodass sich der Verein N des Managers M den Klassenerhalt sichert. Wie ist das Verhalten des Klubmanagers M nach gerichtlichem Strafrecht sowie nach Verbandsstrafrecht zu beurteilen?

2.2 Beispiel 28 („mit Verwaltungsstrafe bedrohter Verein")

Das Leitungsorgan des Vereins V besteht derzeit nur mehr aus 3 Mitgliedern, nämlich Obmann O, Kassier K und Schriftführer S. Laut Statuten des Vereins ist für das Leitungsorgan eine Mindestanzahl von sechs Mitgliedern vorgeschrieben. Mit Schreiben der BH als Vereinsbehörde wurde der Obmann O des Vereins V nunmehr aufgefordert, umgehend bekanntzugeben, ob der Verein V seine Tätigkeit noch ausübt und wer die derzeitigen Mitglieder des Leitungsorgans des Vereins V sind. Gleichzeitig wurde dem Obmann O des Vereins V angedroht, dass gegen diesen im Falle einer nicht umgehenden Bekanntgabe der neuen Mitglieder des Leitungsorgans ein Verwaltungsstrafverfahren eingeleitet wird. Ist dies überhaupt zulässig und auf welcher Rechtsgrundlage beruht dieses eventuell von der BH einzuleitende Verwaltungsstrafverfahren gegen den säumigen Obmann O des Vereins V?

2.3 Beispiel 29 („stürmende Fans")

Im zweiten Relegationsspiel zur „Heute für Morgen" Ersten Liga zwischen dem TSV Hartberg und dem GAK am 9.6.2012 stürmten in der 77. Minute fünfzig GAK-Fans das Spielfeld. Zum Zeitpunkt dieses Platzsturms lag der TSV Lopocaport Hartberg bereits mit 3:0 voran. Sofort nachdem die Spieler beider Mannschaften die stürmenden Fans erblickten, flüchteten die Spieler in die Kabinen. Der Schiedsrichter brach in weiterer Folge das Relegatonsspiel ab, da für ihn die Sicherheit der Spieler nicht mehr gewährleistet war. Wie ist dieser erfolgte Spielabbruch durch den Schiedsrichter nun am „grünen Tisch" seitens der Verbandsgerichtsbarkeit zu werten?

2.4 Beispiel 30 („lachender drittplazierter Meister")

Das Meisterschaftsspiel zwischen dem SV St Lorenzen und dem TUS St. Stefan in der 26. Runde der Gebietsliga Mur am 12.6.2010 endet nach einem Halbzeitstand von 9:1 mit 30:1 für den SV St. Lorenzen. Vor dieser letzten Runde der Gebietsliga Mur rangierte der TUS St Stefan am letzten Tabellenplatz, nämlich am 14. Rang, mit 4 Punkten, einem Torverhältnis von 22:146, also einer Tordifferenz von – 124. In der 13. Runde der Gebietsliga Mur am 7.11.2009 besiegte der SV St. Lorenzen den TUS St. Stefan bereits mit 12:0. Bereits vor dem Meisterschaftsspiel am 12.6.2010 war dem SV St. Lorenzen bekannt, dass der TUS St Stefan bei diesem bevorstehenden Meisterschaftsspiel ersatzgeschwächt antreten wird. Der SV St Lorenzen hegte also bereits einige Zeit vor diesem Meisterschaftsspiel diesbezüglich Bedenken, ob das Spiel überhaupt ausgetragen werden könne. Aufgrund des sehr kleinen Kaders setzte der TUS St Stefan somit im gegenständlichen Meisterschaftsspiel einige ältere Spieler ein. Mit Beschluss des Senates III (Strafausschuss) des StFV vom 22.6.2010 wurde der SV St. Lorenzen gemäß §§ 29, 31 und 32 ÖFB-RPO iVm Art 52 und 57 FIFA-Disziplinarreglement zu einem Punkteabzug von 15 Punkten sowie einer unbedingten Geldstrafe von EUR 1.000,-- verurteilt. Dies im wesentlichen mit der Begründung, dass der SV St Lorenzen Absprachen mit dem Ziel, durch einen hohen Sieg und eine gute Tordifferenz den Meisterschaftstitel der Gebietsliga Mur zu erreichen, getätigt habe. Der Senat III des StFV führte aus, dass sich der SV St Lorenzen durch die Erringung des hohen Sieges im Sinne des Regelwerkes unkorrekt verhalten und dadurch die Prinzipien des Fairplays und der Sportlichkeit eklatant verletzt habe. Durch den Punkteabzug von 15 Punkte wurde der, vor dem letzten Spieltag der Gebietsliga Mur am 12.6.2010 lediglich drittplazierte USV Gaal, am „grünen Tisch" zum Meister der Gebietsliga Mur der Saison 2009/10 befördert (vgl Beschluss des Senats III des StFV vom 22.06.2010, Akt-Nr 927). Welche Straftatbestände hätten dem SV St Lorenzen in concreto von einem staatlichen Strafgericht vorgeworfen werden können?

B Strafbarkeit von Organwaltern eines Vereins

1. Strafrechtliche Verantwortlichkeit von Funktionären des Vereins nach gerichtlichem Strafrecht

Organwalter eines Vereins können wie jeder andere Mensch Straftaten nach dem StGB begehen. In diesem Rahmen sollen jedoch nur diejenigen Straftatbestände Erwähnung finden, die mit der typischen Tätigkeit von Organwaltern eines Vereins in engem Zusammenhang stehen. Es kann zwischen solchen Straftatbeständen, die dem Schutz Dritter vor strafbaren Handlungen der Organwalter dienen, und Tatbestände, die den Verein selbst vor vereinsschädlichen Handlungen seiner Funktionäre schützen sollen, unterschieden werden.

1.1 Relevante Straftatbestände für Organwalter eines Vereins zum Schutz Dritter

1.1.1 Betrug (§ 146 StGB)

Auf der objektiven Tatseite setzt der Straftatbestand des Betrugs die Täuschung über Tatsachen voraus, die beim Getäuschten zu einem Irrtum führen. Aufgrund dieses Irrtums führt der Getäuschte eine Vermögensverfügung durch, die zu einer Schädigung am Vermögen des Getäuschten oder eines Dritten führt. Für die Vereine spielen öffentliche Subventionen eine große Rolle. Macht bspw ein Organwalter eines Vereins bei der Beantragung einer Subvention bewusst falsche Angaben, indem er angibt, die Subvention sei für die Förderung der Nachwuchsarbeit, obwohl er in Wahrheit beabsichtigte, damit den neuen Stadionbau voranzutreiben, und zahlt die öffentliche Institution als Subventionsgeber in weiterer Folge den Betrag an den Verein aus, sodass beim Subventionsgeber ein Vermögensschaden eintritt, so liegt Betrug iSd § 146 StGB vor. Der Vorsatz des Organwalters als Täter muss sich jedoch bereits bei Abschluss des Förderungsvertrags mit dem Subventionsgeber sowohl auf die Täuschung als auch auf den Vermögensschaden richten, da es sich beim Straftatbestand des § 146 leg cit um ein Vorsatzdelikt handelt.

1.1.2 Förderungsmissbrauch (§ 153b StGB)

Im Zusammenhang mit der Vergabe von Subventionen durch öffentliche Institutionen an Vereine könnten die Organwalter auch mit der Strafbestimmung des § 153b leg cit in Berührung kommen. Gemäß § 153b Abs 1 leg cit macht sich derjenige strafbar, der eine ihm gewährte Förderung missbräuchlich zu anderen Zwecken als zu jenen verwendet, zu denen sie vom Subventionsgeber gewährt wurden, dh der Täter kann nur derjenige sein, dem die Subvention de facto auch gewährt wurde. Die Bestimmung des § 153b Abs 2 leg cit sieht jedoch vor, dass nach § 153b Abs 1 leg cit auch derjenige zu bestrafen ist, der die Tat als leitender Angestellter einer juristischen Person oder Personengemeinschaft ohne Rechtspersönlichkeit begeht. Grundsätzlich besitzt der Straftatbestand des § 153b Abs 2 leg cit somit auch Bedeutung für den Organwalter des Vereins, da Vereine juristische Personen iSd § 153b Abs 2 leg cit sind. Gemäß § 74 Abs 3 S 1 leg cit sind unter dem Begriff der leitenden Angestellten AN eines Unternehmens, auf dessen Geschäftsführung diesen ein maßgeblicher Einfluß zusteht, zu verstehen. Geschäftsführer, Mitglieder des Vorstands oder des Aufsichtsrats und Prokuristen ohne Angestelltenverhältnis stehen leitenden Angestellten gleich (§ 74 Abs 3 S 2 leg cit). Im Rahmen der Subsumtion unter die Bestimmung des § 153b Abs 2 leg cit ist also im Einzelfall zu prüfen, ob dem Verein überhaupt Unternehmereigenschaft iSd § 1 Abs 2 UGB zukommt, denn die Definition leitender Angestellten setzt voraus, dass der leitende Angestellte für ein Unternehmen tätig wird.

1.1.3 Grob fahrlässige Beeinträchtigung von Gläubigerinteressen (§ 159 StGB)

Wenn ein Organwalter in grob fahrlässiger Weise die Zahlungsunfähigkeit des Vereins herbeiführt, indem er kridaträchtige Handlungen vornimmt, macht er sich iSd § 159 Abs 1 StGB strafbar. Strafbar macht sich auch derjenige Organwalter eines Vereins, der in Kenntnis oder fahrlässiger Unkenntnis der Zahlungsunfähigkeit des Vereins grob fahrlässig die Befriedigung eines der Gläubiger des Vereins dadurch vereitelt oder einer Schmälerung zuführt, dass er kridaträchtig handelt. Als Tathandlungen der Strafbestimmung des § 159 leg cit kommen nur die in § 159 Abs 3 leg cit taxativ angeführten kridaträchtigen Handlungen in Betracht. Für die Tathandlung selbst ist jedoch bereits Fahrlässigkeit ausreichend. In diesem Zusammenhang spielt va die Frage, welche Sorgfaltspflichten einen Organwalter eines Vereins treffen, eine Rolle. Im Rahmen des Strafurteils in der causa „FC Tirol" (Verein der tipp3-BL) befasste sich der OGH mit der Verantwortlichkeit von Vorstandsmitgliedern solcher Vereine, die eine unternehmerische Tätigkeit ausüben (vgl OGH 13.6.2006, 11 Os 52/05i, JBl 2007, 33 = exolex 2007/173). Im Rahmen dieser Entscheidung brachte der OGH auf die Organwalter von Vereinen, die für die Verantwortlichkeit leitender Organe von Kapitalgesellschaften entwickelten Sorgfaltsmaßstäbe zur Anwendung. Maßstab für den Organwalter soll demnach der ordentliche und gewissenhafte Organwalter sein. Täter der Strafbestimmung des § 159 leg cit kann nur derjenige sein, der Schuldner zumindest eines Gläubigers ist (§ 161 Abs 1 leg cit). Leitende Angestellte einer juristischen Person sind jedoch gleich wie ein Schuldner zu bestrafen (§ 161 Abs 1 leg cit).

1.1.4 Vorenthalten von Dienstnehmerbeiträgen durch den Dienstgeber (§ 153c StGB)

Nach der Strafbestimmung des § 153c Abs 1 leg cit setzt derjenige, der als AG Beiträge eines AN zur Sozialversicherung dem berechtigen Versicherungsträger vorenthält, eine strafbare Handlung. Trifft die Pflicht zur Einzahlung der Beiträge eines Arbeitnehmers zur Sozialversicherung eine juristische Person oder eine Personengemeinschaft ohne Rechtspersönlichkeit, so ist die Bestimmung des § 153c Abs 1 leg cit auch auf alle natürlichen Personen anzuwenden, die dem zur Vertretung nach außen berufenen Organ angehören (§ 153c Abs 2 S 1 leg cit). In diesem Zusammenhang sind auch die finanzstrafrechtlichen Bestimmungen der Abgabenhinterziehung (§ 33 FinStrG) sowie der fahrlässigen Abgabenverkürzung (§ 34 leg cit) zu nennen.

1.1.5 Fahrlässige Körperverletzung oder Tötung (§ 88 bzw 80 StGB)

Auch die Verwirklichung der Straftatbestände der §§ 88 bzw 80 leg cit durch Organwalter eines Vereins wäre denkbar. Stellt bspw ein Sportverein, welcher durch den Vorstand vertreten wird, seinen Mitgliedern ungeeignete Trainingsanlagen oder –geräte zur Verfügung, sodass es zu einer Verletzung der körperlichen Integrität oder sogar dem Tod eines Vereinsmitglieds kommt, so sind die Straftatbestände des § 88 bzw 80 leg cit erfüllt.

1.2 Relevante Straftatbestände für Organwalter eines Vereins zum Schutz des Vereins

1.2.1 Untreue (§ 153 StGB)

Mitgliedern des Leitungsorgans des Vereins kommt grundsätzlich die Befugnis zu, über das Vermögen des Vereins zu verfügen, indem sie bspw gegenüber Dritten Verpflichtungen eingehen können. Diese Verpflichtungsgeschäfte entfalten jedoch nur gegenüber dem Verein unmittelbare Rechtswirkungen. Das Verhalten eines Funktionärs ist dann unter den Straftatbestand des § 153 leg cit zu subsumieren, wenn dieser seine Befugnis, für den Verein rechtsgeschäftlich zu handeln, wissentlich missbraucht. Die missbräuchliche Vertretungshandlung des Organwalters des Vereins ist jedoch nur dann als Untreue strafbar, wenn sie zum Eintritt eines Schadens im Vermögen des Vereins führt.

2. Verwaltungsstrafrechtliche Verantwortlichkeit von Funktionären des Vereins nach VStG

Wie bereits im Vierten Abschnitt unter Pkt B. 1.2.2.4 beschrieben, ist für die Einhaltung von Rechtsvorschriften des Verwaltungsrechts durch juristische Personen, sofern nicht ein verantwortlicher Beauftragter bestellt worden ist, derjenige verwaltungsstrafrechtlich verantwortlich, wer zur Vertretung nach außen berufen ist (§ 9 Abs 1 VStG). Die zur Vertretung nach außen berufenen Vorstandsmitglieder eines Vereins sind jedoch berechtigt, aus ihrem Kreis eine oder auch mehrere Personen als verantwortliche Beauftragte, denen dann die Einhaltung der Verwaltungsvorschriften für bestimmte Bereiche obliegt, zu bestellen (§ 9 Abs 2 leg cit).

C. Strafbarkeit des Vereins

1. Strafrechtliche Verantwortlichkeit des Vereins nach dem VbVG

Vom Anwendungsbereich des VbVG sind alle juristischen Personen erfasst, dh sowohl solche des Privatrechts als auch solche des öffentlichen Rechts. Ideelle Vereine iSd VerG 2002 gelten somit auch als Verbände iSd VbVG. Dem VbVG ist eine Einschränkung hinsichtlich der Delikte, für die der Verband einstehen muss, völlig fremd, dh es kommt somit jede mit gerichtlicher Strafe bedrohte Handlung des StGB und der Nebengesetze in Betracht. Voraussetzung für die strafrechtliche Verantwortlichkeit eines Vereins ist das Vorliegen einer Anknüpfungstat. Das VbVG kennt zwei Fallkonstellationen, die eine Haftung nach dem VbVG auslösen. Einerseits kann eine Haftung nach VbVG dann greifen, wenn ein Entscheidungsträger Straftaten begeht, andererseits dadurch, dass Mitarbeiter des Entscheidungsträgers rechtswidrig einen Straftatbestand erfüllen. Auch auf den Sportfunktionär kann das VbVG somit zur Anwendung gelangen und zwar dann, wenn er selbst tatbestandsmäßig, rechtswidrig und schuldhaft handelt. Als Sanktionen sind im VbVG Verbandsgeldbußen vorgesehen.

D. Vereins-/Verbandsstrafrecht

1. Strafrechtliche Verantwortlichkeit von Vereinsmitgliedern nach dem Vereinsstrafrecht sowie von Organwaltern und Vereinen nach dem Verbandsstrafrecht

Das Zusammenwirken der Vereins-/Verbandsmitglieder zur Verfolgung eines gemeinsamen Zwecks erfordert eine Ordnung, um Störungen im Vereins- bzw Verbandsinnenbereich zu vermeiden. Diese Ordnung muss auch durchsetzbar sein. Die Befugnis des Vereins/Verbands, seine Rechtsverhältnisse selbst zu bestimmen und in concreto auch von seiner Ordnungsgewalt Gebrauch zu machen, ergibt sich aus der durch Art 12 StGG gewährten Vereinsautonomie. Zur Durchsetzung der Regeln bedienen sich die Vereine bzw Verbände verschiedener möglicher Sanktionen. Vereins-/Verbandssanktionen können grundsätzlich auch über ein Nichtmitglied ausgesprochen werden.

2. Vereins-/Verbandsstrafe

2.1 Rechtliche Einordnung der Vereins-/Verbandsstrafe

Die rechtliche Einordnung der Vereins- bzw Verbandsstrafe ist von der österreichischen Lehre bis dato äußerst spärlich behandelt worden. Als eine mögliche denkbare Rechtsfigur kommt mE die Konventionalstrafe in Betracht. Wegen der Funktion als pauschalierter Schadenersatz, die im ABGB deutlich zum Ausdruck kommt (§ 1336 ABGB), sind ihre Regeln jedoch auf die Vereins-/Verbandsstrafe nicht direkt anwendbar (vgl OGH 10.02.1981, 5 Ob 507/81, EvBl 1981/129 = SZ 54/16 = JBl 1982, 41 = GesRZ 1981, 119 = RZ 1981/37; RIS-Justiz RS0032055). Für Vereins-/Verbandsstrafen gilt die Sittenwidrigkeitskontrolle gemäß § 879 leg cit.

2.2 Satzungsmäßige Grundlage der Vereins-/Verbandsstrafe

Die Vereins- bzw Verbandsstrafen müssen in der Satzung eindeutig festgelegt werden, eine nicht zum Satzungsbestandteil erklärte Nebenordnung genügt somit nicht für die rechtswirksame Anwendung einer Sanktionsnorm. Nur die satzungsmäßig festgesetzten Sanktionen dürfen verhängt werden. Jedes Vereins- bzw Verbandsmitglied muss aus der Satzung erkennen können, welche Strafe ihm im Falle der Missachtung der Satzung erwartet. Einer satzungsmäßigen Festlegung bedürfen vielmehr die mit der Strafe gleichzeitig in Erscheinung tretenden Nebenfolgen, wie bspw die Verpflichtung zur Tragung der Verfahrenskosten oder die Frage, ob der Bestrafte es hinzunehmen hat, dass die über ihn verhängte Sanktion auch in einem Medium, wie zB einem Mitteilungsblatt, veröffentlicht wird.

2.3 Reichweite der Vereins-/Verbandsstrafgewalt

Grundlage des Disziplinarrechts ist das privatrechtliche Rechtsverhältnis der Vereins-/Verbandsmitgliedschaft. Das Eingehen der Vereinsmitgliedschaft impliziert die Unterwerfung unter die Disziplinargewalt des Vereins bzw Verbands (vgl OGH 10.02.1981, 5 Ob 507/81, EvBl 1981/129 = SZ 54/16 = JBl 1982, 41 = GesRZ 1981, 119 = RZ 1981/37 mwN). Besonders hervorzuheben ist an dieser Stelle die Situation im Sport. Durch den pyramidenförmig hierarchischen Aufbau in der Sportorganisation ergibt sich die Rechtssituation, dass zwar der einzelne Sportler Mitglied in seinem Verein und der Verein idR Mitglied im Verband ist, der einzelne Sportler jedoch keineswegs als Mitglied des Verbands gilt. Diese Konstellation wird – mE ein wenig irreführend – als sog. „mittelbare Mitgliedschaft“ bezeichnet. Diese Bezeichnung gilt deshalb als irreführend, weil die mittelbare Mitgliedschaft keine mitgliedschaftliche Bindung erzeugt. Aus diesem Grunde ist der Verband zur Herstellung einer eigenen Ordnungsgewalt gezwungen, um seine Disziplinargewalt auch auf Nichtverbandsmitglieder erstrecken zu können. Dafür stehen grundsätzlich zwei Möglichkeiten zur Verfügung, nämlich die satzungsrechtliche und die vertragsrechtliche Lösung. Bei der satzungsrechtlichen Lösung ist es einerseits möglich, dass für den einzelnen Sportler eine automatische Doppelmitgliedschaft in Verein und Verband festgeschrieben wird, andererseits kann eine Unterwerfung des Nichtverbandsmitgliedes unter die Verbandsstrafgewalt auch dadurch erfolgen, dass ihm eine echte Mitgliedschaft im Verband eingeräumt wird. Unter der vertragsrechtlichen Lösung versteht man die rechtsgeschäftliche Unterwerfung von Sportteilnehmern unter die Verbandsstrafgewalt, bspw in Form einer Athletenvereinbarung oder eines Lizenzvertrags (für das dt Recht vgl OLG Düsseldorf 30.3.1989, U [Kart] 30/88, SpuRt 1995, 171 [172]).

2.4 Formen der Vereins-/Verbandsstrafe

Satzungen von Vereinen/Verbänden können ganz allgemein folgende Strafen vorsehen:

- Rüge,
- Verweis,
- Geldstrafe (vgl Sechster Abschnitt Pkt D. 2.4.1),
- vorübergehender oder dauernder Entzug von Mitgliedschaftsrechten,
- Ausschluss der Benutzung von Vereinseinrichtungen,
- zeitweiser oder endgültiger Ausschluss aus dem Verein/Verband (vgl Sechster Abschnitt Pkt D. 2.4.2).

Im Bereich des Sports existieren folgende Möglichkeiten von Disziplinarstrafen:

- Ermahnung,
- Spielsperre,
- Funktionärssperre,
- Geldstrafe (vgl Sechster Abchnitt Pkt D. 2.4.1),
- Austragung eines oder mehrerer Spiele unter Ausschluss eines Teiles oder der gesamten Öffentlichkeit,
- Abzug von Punkten,
- Strafverifizierung,
- Wettbewerbsausschluss,
- Zwangsabstieg,
- Ausschluss aus dem Verein/Verband (vgl Sechster Abschnitt Pkt D. 2.4.2).

2.4.1 Geldstrafe

Die Verhängung einer Geldstrafe als Vereins-/Verbandsstrafe spielt in der Praxis eine große Rolle (vgl OGH 10.02.1981, 5 Ob 507/81, EvBl 1981/129 = SZ 54/16 = JBl 1982, 41 = GesRZ 1981, 119 = RZ 1981/37; RIS-Justiz RS0032055). Eine im Rahmen des Vereins-/Verbandsstrafverfahrens verhängte Geldstrafe ist an den Verein bzw den Verband zu leisten. Ein Verein bzw Verband kann eine von ihm verhängte Geldstrafe und die satzungsgemäß bestimmten Verfahrenskosten nicht mit eigener Gewalt durchsetzen. Dafür ist vielmehr die Mithilfe der ordentlichen Gerichtsbarkeit notwendig, das heißt der Anspruch des Vereins/Verbands ist mittels Klage (Mahnklage bis zu einem Streitwert von EUR 75.000,-- oder Volltextklage ab einem Streitwert von EUR 75.000,--) durchzusetzen, dh der Verein/Verband muss vor einem ordentlichen Gericht erst einen Exekutionstitel schaffen. Hat der Bestrafte die Entscheidung des Vereins/Verbands akzeptiert, so könnte sein Verhalten uU als zivilrechtliches Anerkenntnis, welches einen eigenständigen Exekutionstitel darstellt, zu deuten sein.

2.4.2 Ausschluss

Der Vereins-/Verbandausschluss als weitestgehende Disziplinarstrafe darf nur aus wichtigen Gründen ausgesprochen werden, wobei der Ausschlussgrund bei sonstiger Verwirkung des Ausschlussrechts umgehend geltend zu machen ist (vgl OGH 15.4.1959, 6 Ob 106/59, SZ 32/49). Dem zu Unrecht ausgeschlossenen Vereins-/Verbandsmitglied steht die Feststellungsklage gemäß § 228 ZPO zu (vgl OGH 18.2.2010, 6 Ob 20/10z, ecolex 2010/285 = RdW 2010/370). Bei einer faktischen Monopolstellung des Vereins/Verbands ist das betreffende Mitglied zunächst durch die Anwendung gelinderer Mittel zu einem satzungskonformen Verhalten zu veranlassen und darf erst bei einem weiteren Zuwiderhandeln ein Ausschluss ausgesprochen werden (vgl OGH 5.4.2005, 4 Ob 28/05d; OLG Innsbruck 29.1.1986, 5 R 375/85, JBl 1987, 391). Im Rahmen des Ausschlussverfahrens muss dem Mitglied jedenfalls rechtliches Gehör gewährt werden (vgl OGH 2.10.2007, 4 Ob 150/07y; 18.2.2010, 6 Ob 20/10z, ecolex 2010/285 = RdW 2010/370). Sieht die Satzung vor, dass das Mitglied gegen den Ausschließungsbeschluss Einspruch erheben kann, so muss es die Möglichkeit erhalten, im Einspruch gegen die Ausschließung auf deren Gründe einzugehen. Dies setzt natürlich voraus, dass das Mitglied genaue Kenntnis über den Beschluss über die Ausschließung hat (vgl OGH 13.5.1993, 6 Ob 548/93, ecolex 1993, 450). Nennen die Statuten kein anderes Organ, welches für die Behandlung des Einspruchs zuständig ist, so gilt die Schlichtungseinrichtung als zuständig. Das Begehren auf Feststellung der Rechtsunwirksamkeit des Ausschlusses aus einem Verein/Verband gilt nach der stRsp des OGH auch als mittels EV sicherungsfähig (vgl OGH 12.9.2006, 10 Ob 50/06k, SZ 2006/129 = JBl 2007, 321; 2.10.2007, 4 Ob 150/07y).

SIEBENTER ABSCHNITT
VEREINE UND RECHTSSCHUTZ

A. Einleitung

1. Allgemeines

Gemäß Art 6 Abs 1 S 1 EMRK hat jedermann einen Anspruch darauf, *„dass seine Sache in billiger Weise öffentlich und innerhalb einer angemessenen Frist gehört wird, und zwar von einem unabhängigen und unparteiischen, auf Gesetz beruhenden Gericht, dass über zivilrechtliche Ansprüche und Verpflichtungen oder über die Stichhaltigkeit der gegen ihn erhobenen strafrechtrechtlichen Anklage zu entscheiden hat.“* Auch im Bereich des Vereinsrechts verfügt der Einzelne über Rechtsschutzmöglichkeiten. Diesen Grundsatz bringt auch die Bestimmung des § 8 Abs 1 S 1 klar zum Ausdruck, wonach die Statuten eines Vereins festlegen, dass Streitigkeiten aus dem Vereinsverhältnis vor einer Schlichtungseinrichtung auszutragen sind. Nach Ausschöpfung des vereinsinternen Instanzenzuges ist schließlich die Anrufung der ordentlichen Gerichtsbarkeit vorgesehen (§ 8 Abs 1 S 2).

2. Fallbeispiele

2.1 Beispiel 31 („entlassener Fußballspieler")

Der Amateurfußballspieler A wurde von seinem Verein V entlassen. Deshalb brachte der Spieler A beim ASG eine Klage gegen den Verein V ein. In den Statuten des Verbands C, welchem der Verein V angehört, findet sich jedoch folgende Bestimmung: *„Die Anrufung von ordentlichen Gerichten ist ohne Zustimmung des Vorstands des Verbands grundsätzlich möglich; dies jedoch erst dann, wenn die verbandsinterne Schlichtungsstelle in Anspruch genommen worden ist: Verstösse gegen diese Bestimmung sind nach den Vorschriften für die Strafausschüsse zu ahnden.“* Mit seiner Klage machte der Spieler A seine Ansprüche aus der ungerechtfertigten Entlassung geltend. Aufgrund der Tatsache, dass der Spieler A vor Anrufung der Verbandsgerichte des Landesverbands B, in concreto des Kontroll-, Melde- und Finanzausschusses K des Landesverbandes B, eine Klage bei einem ordentlichen Gericht einbrachte, wurde über den Spieler A vom Strafausschuss S des Landesverbandes B wegen Nichtbefolgung einer Verbandsanordnung gemäß § 128 ÖFB-RPO eine Pflichtspielsperre von sechs Spielen verhängt. Erfolgte diese Bestrafung durch den Strafausschuss S des Landesverbands B zu Recht oder nicht?

2.2 Beispiel 32 („gesperrter Fußballspieler")

Der Spieler S wurde nach einem groben Foul eines Gegenspielers anlässlich eines Fußballmeisterschaftsspiels vom Schiedsrichter S mit der roten Karte des Feldes verwiesen. Vom zuständigen Strafausschuss des Landesverbandes V wurde über den Spieler S eine unbedingte Sperre von 3 Pflichtspielen verhängt. Gegen diese Maßnahme der Verbandsgerichtsbarkeit erhob der Spieler S eine Klage beim zuständigen BG X. Im Rahmen dieses Verfahrens begehrte der Spieler S die Feststellung der Rechtswidrigkeit des Beschlusses des Strafausschusses des Landesverbands V, in eventu die Feststellung der Spielberechtigung trotz der verhängten Sperre. Ist das BG X als ordentliches Gericht überhaupt befugt, die Rechtmäßigkeit sowie Höhe einer Verbandsstrafe zu überprüfen?

B. Streitbeilegung in Vereinen/Verbänden

1. Schlichtungseinrichtung

Die Bindung des Vereinsmitglieds an das vereinsinterne Schlichtungsverfahren entsteht mit der wirksamen Begründung der Mitgliedschaft zum Verein. Die erfolgreiche Anrufung eines ordentlichen Gerichts kann kraft Gesetzes oder kraft einer Vereinbarung davon abhängig gemacht werden, dass zuvor die Schlichtungseinrichtung mit der Rechtssache befasst wurde. Str ist in der österreichischen Lehre jedoch, ob diese Schlichtungseinrichtungen wirklich nur „schlichten", dh bloß Einigungsvorschläge erstatten können, oder auch „entscheiden" dürfen. Diese Schlichtungseinrichtungen gelten jedoch gemäß § 577 Abs 4 ZPO weder als Schiedsgerichte iSd § 577 ff leg cit (vgl RIS-Justiz RS0121457) noch als gesetzlich eingerichtete Sondergerichte gemäß Art XII Z 6 EGZPO. Im Vgl zum „echten" Schiedsgericht, das die ihm zugewiesene Sache anstelle eines ordentlichen Gerichts zu entscheiden hat, soll die Schlichtungsstelle auf eine Einigung zwischen den Streitparteien hinwirken, um die Anrufung der ordentlichen Gerichtsbarkeit zu vermeiden.

1.1 Reine Vereinsstreitigkeiten und privatrechtliche Streitigkeiten

Im Zusammenhang mit der Befassung einer Schlichtungseinrichtung mit einer Streitigkeit ist zwischen reinen und privatrechtlichen (=vermögensrechtlichen) Vereinsstreitigkeiten zu unterscheiden. Beide Gruppen fallen in die Zuständigkeit der Vereinsschlichtungseinrichtungen. Wann eine reine und wann eine privatrechtliche Vereinsstreitigkeit vorliegt, kann str sein. Die Grenze entspricht der Abgrenzung rechtsgeschäftlicher Willenserklärungen von sonstigen. Bei rechtsgeschäftlichen Willenserklärungen liegt ein Rechtsfolgewillen (Geltungs-, Geschäfts-, Bindungswillen) vor. Anderen Willenserklärungen fehlt hingegen ein solcher. Bei privatrechtlichen Vereinsstreitigkeiten handelt es sich um Streitigkeiten, soweit es sich aus dem Vereinsverhältnis entspringende subjektive Rechte der Vereinsmitglieder gegenüber dem Verein und des Vereins gegenüber seinen Mitgliedern handelt (vgl OGH 17.3.2005, 6 Ob 219/04f, SZ 2005/41 = GesRZ 2005, 196 = ecolex 2005, 698 = JBl 2005, 732). Diese Gruppe von Streitigkeiten muss also in der Vereinsmitgliedschaft ihre Wurzeln haben (vgl OGH 22.1.2008, 4 Ob 168/07w, EvBl 2008/96). Zu den privatrechtlichen Streitigkeiten gehören nach der stRsp des OGH Streitigkeiten über die Rechtmäßigkeit eines Ausschlusses oder über das Weiterbestehen von Mitgliedschaftsrechten (vgl OGH 4.9.2007, 4 Ob 146/07k, = EvBl 2008/13 = SZ 2007/140 = Zak 2007/657 = ecolex 2007/396 [*Wilhelm*]); Ansprüche auf Zahlung von Mitgliedsbeiträgen und auf Erbringung anderer mit der Mitgliedschaft im Verein verbundenen vermögenswerter Leistungen (vgl OGH 4.9.2007, 4 Ob 146/07k, = EvBl 2008/13 = SZ 2007/140 = Zak 2007/657 = ecolex 2007/396 [*Wilhelm*]); Streitigkeiten über behauptete pflichtwidrige Handlungen eines Mitglieds eines Vereins oder eines ehemaligen Obmanns eines Vereins, die beim Verein zu einem Schaden geführt haben (vgl OGH 17.3.2005, 6 Ob 219/04f, SZ 2005/41 = GesRZ 2005, 196 = ecolex 2005, 698 = JBl 2005, 732); Streitigkeiten, mit denen ein früheres Vereinsmitglied den Verein auf Rückersatz von vermögenswerten Leistungen, die im Zeitraum der Mitgliedschaft erbracht wurden, in Anspruch nimmt (vgl OGH 9.4.2008, 7 Ob 52/08k, AnwBl 2008/8153 = ecolex 2008/304) sowie Streitigkeiten iSd § 7 betreffend die Nichtigkeit und Anfechtbarkeit von Vereinsbeschlüssen (vgl OGH 4.7.2007, 7 Ob 139/07b, ecolex 2007/367 = RdW 2007/686 = ÖJZ-LS 2007/68 = RZ 2008, 20 = HS 38.175 = HS 38.179). Reine Vereinsstreitigkeiten sind hingegen keine Rechtsstreitigkeiten und können daher nicht vor den ordentlichen Gerichten ausgetragen werden.

1.2 Möglichkeit der Anrufung ordentlicher Gerichte

Nach der stRsp des OGH ist vor der Ausschöpfung des in den Statuten des Vereins/Verbands vorgesehenen vereins-(verbands-)internen Instanzenzugs die Anrufung eines ordentlichen Gerichts idR nicht zulässig (vgl OGH 12.9.2006, 10 Ob 50/06k, SZ 2006/129 = JBl 2007, 321; 5.5.1998, 7 Ob 197/97i, SZ 70/206;

30.3.1994, 8 Ob 566/93, SZ 42/163; 14.11.1985, 6 Ob 647/85, EvBl 1986/132 = SZ 58/178; 9.11.1978, 6 Ob 727/78, SZ 51/154 = JBl 1981, 212 [zust *Bydlinski*]). Dies ergibt sich insbesondere auch aus § 8 Abs 1 S 1, wonach die Statuten eines Vereins/Verbands festzulegen haben, dass Streitigkeiten aus dem Vereinsverhältnis vor der Schlichtungseinrichtung des Vereins auszutragen sind. Wenn das Verfahren vor der Schlichtungseinrichtung nicht bereits früher beendet worden ist, steht der ordentliche Rechtsweg erst nach Ablauf von sechs Monaten nach der Anrufung der Schlichtungseinrichtung offen (§ 8 Abs 1 S 2). Bei Vorliegen besonderer Ausnahmekonstellationen, die im Einzelfall die Anrufung der Instanzen des vereins-/ verbandsinternen Instanzenzugs unzumutbar machen, kann sofort die Hilfe der ordentlichen Gerichtsbarkeit in Anspruch genommen werden, ohne vorher den vereins-/verbandsinternen Instanzenzug beschritten zu haben (vgl OGH 31.1.1996, 9 Ob 501/96, SZ 69/23; 15.10.1997, 10 Ob 199/97f, SZ 70/2006).

2. „Echtes" Schiedsgericht

Die Schlichtungseinrichtung eines Vereins kann aber auch als ein echtes Schiedsgericht iSd §§ 577 ff ZPO eingerichtet werden (vgl OGH 9.4.2008, 7 Ob 52/08k, AnwBl 2008/8153 = ecolex 2008/304). Ein Schiedsgericht übernimmt die autonome Streiterledigung durch Einhaltung rechtsstaatlicher Mindestgarantien. Grundlage eines schiedsrichterlichen Verfahrens ist die Schiedsvereinbarung. Diese kann in Form eines eigenen Vertrages oder als Bestimmung im Rahmen eines sonstigen Vertragsverhältnisses abgeschlossen werden (581 Abs 1 S 2 leg cit), wobei erstere Alternative als „Schiedsvertrag" und letztere Alternative als „Schiedsklausel" bezeichnet wird. Gegenstand der Schiedsvereinbarung ist, dass alle oder einzelne Streitigkeiten zwischen den Parteien, die zwischen ihnen in Bezug auf ein bestimmtes Rechtsverhältnis entstanden sind oder zukünftig entstehen werden, durch private Schiedsrichter anstelle der ordentlichen Gerichte entschieden werden sollen. Va in den internationalen Sportverbänden kann ein vermehrter Einsatz schiedsgerichtlicher Strukturen zur Streitbeilegung beobachtet werden. Als Bsp dafür ist die KBS der FIFA sowie der FIS Court zu nennen. Aber auch auf nationaler Ebene kommen im Sport zur Klärung von Ansprüchen immer öfter echte Schiedsgerichte zum Einsatz, bspw das Schiedsgericht des ÖFB oder Ständige Neutrale Schiedsgericht der ÖFBL. Die Urteilswirkungen des Schiedsspruchs und seine Eigenschaft als Exekutionstitel gelten als die grundlegendsten Unterschiede zum – bereits im Siebenten Abschnitt unter Pkt B. 1. beschriebenen – Schlichtungsverfahren. Verbände machen von der Möglichkeit der Streitbeilegung durch ein „echtes" Schiedsgericht eher Gebrauch als Vereine.

C. Überprüfung von Entscheidungen der Schlichtungseinrichtungen durch ordentliche Gerichte

Nur dann, wenn sich die Streitparteien mit der Entscheidung einer Instanz der Vereinsgerichtsbarkeit einverstanden erklären, erübrigen sich weitere rechtliche Schritte. Nimmt hingegen nur eine Partei den Einigungsvorschlag nicht an oder hält sich schlichtweg nicht daran, so muss in der betreffenden Rechtssache ein ordentliches Gericht angerufen werden. Wenn also eine vereins- bzw verbandsinterne Schlichtungseinrichtung nicht als ein echtes Schiedsgericht eingerichtet wurde, ist eine umfassende gerichtliche Überprüfung durch ein ordentliches Gericht möglich. Die staatlichen Gerichte sind nicht nur zu einer formellen (verfahrensrechtlichen), sondern auch zu einer inhaltlichen, materiellen Kontrolle verpflichtet. Die stRsp des OGH lässt eine volle Überprüfung der Entscheidung der Vereins- bzw Verbandsgerichte zu (vgl OGH 9.1.1979, 6 Ob 727/78, EvBl 1979/85 = SZ 51/154 = JBl 1981, 212 [*Bydlinski*]); 25.11.2004, 6 Ob 172/04v, RdW 2005, 359 = ecolex 2005/243; 21.4.2005, 2 Ob 51/05x, SZ 2005/57 = JBl 2005, 728; 12.9.2006, 10 Ob 50/06k, SZ 2006/129 = JBl 2007, 321). Dies gilt auch für die im Sechsten Abschnitt unter Pkt D. 2. beschriebenen Vereins- und Verbandsstrafen (vgl OGH 9.1.1979, 6 Ob 727/78, EvBl 1979/85 = SZ 51/154 =

JBl 1981, 212 [*Bydlinski*]; 2.4.1987, 6 Ob 544/86, SZ 59/86 = JBl 1987, 650; 5.5.1998, 7 Ob 197/97i, SZ 70/206). In Vereins- bzw Verbandstatuten enthaltene Klauseln, die eine Anrufung der ordentlichen Gerichte generell ausschließen, man spricht von sog „Rechtswegausschlussklauseln", sind unwirksam (vgl OGH 26.1.1982, 5 Ob 501/82, ZVR 1984/182; 30.3.1994, 8 Ob 566/93, SZ 42/163). Denn gemäß § 8 Abs 1 lS kann eine Anrufung des ordentlichen Gerichts nur dann ausgeschlossen werden, wenn ein Schiedsgericht iSd § 577 ZPO eingerichtet wird.

Eine Beschränkung der Überprüfungsmöglichkeiten von Entscheidungen der Instanzen der Vereinsgerichtsbarkeit durch die ordentlichen Gerichte liegt aber darin, dass reine Vereins- bzw Verbandsstreitigkeiten nicht als Rechtsstreitigkeiten gelten, sodass ordentliche Gerichte nicht damit befasst werden können, dh das Vereins- bzw Verbandsgericht entscheidet in diesen Angelegenheiten endgültig. Die Feststellung, ob eine reine oder eine rechtliche Vereinsstreitigkeit vorliegt, obliegt jedoch jedenfalls den ordentlichen Gerichten.

ANHANG 1
MUSTERLÖSUNGEN

1.1 Beispiele aus dem Zweiten Abschnitt

1.1.1 Beispiel 1 („verbandsgebührenschuldender Verein")

Im Bereich des Amateurfußballs ist der jeweilige Landesverband für die Veranstaltung von Verbandsspielen und -meisterschaften zuständig (vgl § 1 lit a Satzungen des StFV). Der jeweilige Landesverband verfügt somit über eine Monopolstellung für die Durchführung von Verbandsmeisterschaften für Amateurvereine. Der Landesverband hat insoferne eine beherrschende Stellung inne, als er innerhalb des jeweiligen Bundeslandes der einzige Verband ist, der Fußballmeisterschaften für Amateurvereine ausschreibt (vgl OGH 12.7.1994, 4 Ob 71/94, SpuRt 1996, 91). Die Durchführung verschiedener Meisterschaftsbewerbe in einem Bundesland erregt weiters besondere mediale Aufmerksamkeit, da in sämtlichen österreichischen Tageszeitungen bzw Regionalzeitungen über die Meisterschaften berichtet wird. Darüber hinaus hat der jeweilige Landesverband als ordentliches Mitglied des ÖFB wesentlichen Einfluss auf das gesamte Amateurfußballgeschehen in Österreich (vgl § 2 lit a leg cit).

Aus diesen eben erwähnten Gründen trifft jeden einzelnen Landesverband auch eine Verpflichtung zur Aufnahme jedes einzelnen Amateurvereins. Eine Aufnahmepflicht besteht nur dann nicht, wenn die Nichtaufnahme des Vereins aus sachlichen Gründen gerechtfertigt ist (vgl OGH 13.10.2009, 1 Ob 125/09b; RIS-Justiz RS0014745; RS0016762; RS0106571). In § 23 Abs 2 leg cit ist der Ausschluss eines Vereins als Verbandsmitglied dergestalt geregelt, dass ein Klub bei wiederholten Verstößen gegen die Satzungen (insbesondere § 19 leg cit), Beschlüsse des ÖFB oder Beschlüsse des StFV von der Teilnahme an einem Meisterschaftswettbewerb des StFV ausgeschlossen werden kann (§ 23 Abs 1 S 1 leg cit). Ein mehrmaliger Verstoß eines Vereines gegen die ihn treffende Pflicht, seinen finanziellen Verpflichtungen aus Verbandsgebühren bzw -strafen fristgerecht nachzukommen, wird mE noch keinen Ausschluss aus dem Verband rechtfertigen. Es ist nämlich zu berücksichtigen, dass es sich beim StFV um einen Monopolverband handelt, sodass – als Ausfluss des Aufnahmezwangs – ein Ausschluss des Vereins X mE nicht möglich ist.

1.1.2 Beispiel 2 („verbandsstrafeschuldender Verein")

So wie der im Beispiel 1 („verbandsgebührenschuldender Verein") in den Musterlösungen unter Pkt 1.1.1 erwähnte StFV stellt auch der KFV einen Monopolverband dar. Der KFV ist nämlich als Landesverband für das Bundesland Kärnten alleine für die Veranstaltung von Verbandsspielen sowie die Durchführung der Meisterschaften im Bereich des Amateurfußballs in Kärnten zuständig. Grundsätzlich ist der Ausschluss eines Vereins aus dem KFV zulässig. Dies ergibt sich insbesondere aus § 6 Abs 1 Satzungen des KFV, wonach die Mitgliedschaft zum KFV ua durch Ausschluss enden kann. Ein Verbandsausschluss darf jedoch nur aus besonders wichtigen Gründen erfolgen. Ein wichtiger Grund liegt insbesondere in der Verletzung von Mitgliederpflichten, wenn diese geeignet sind, den Bestand des Mitgliedschaftsverhältnisses und das Vertrauen zwischen dem Mitglied und dem Verband erheblich zu erschüttern oder wenn das Fehlverhalten des Vereins diesen im Hinblick auf seinen Ruf oder sein Vermögen schädigt. Ein wichtiger Grund, welcher einen Ausschluss rechtfertigen würde, liegt auch dann vor, wenn das Mitglied des Verbands seine Beitragspflicht längere Zeit nicht erfüllt. Auch in diesem Fall liegt mE somit ein wichtiger Grund vor, der einen Ausschluss des Vereins Y aus dem KFV zulässig machen würde, da der Verein Y seine Beitragspflichten gegenüber dem KFV über eine längere Zeitspanne in grob schuldhafter Weise verletzt hatte. Der Ausschluss des Vereins Y aus dem KFV wird jedoch daran scheitern, dass der KFV als Monopolverband gilt, sodass ein Ausschluss mE in concreto nicht rechtens sein würde.

1.1.3 Beispiel 3 („Aufnahme in den StFV beanspruchendes JAZ")

Das JAZ GU-Süd verfügt gegenüber dem StFV über einen Anspruch auf Gleichbehandlung, der nicht darauf gerichtet ist, allen Vereinen gleiche Rechte zu gewähren bzw gleiche Pflichten aufzuerlegen, sondern eine ungerechtfertigte und damit sachwidrige Schlechterstellung eines Vereins verbietet. Liegt eine solche willkürliche Ungleichbehandlung vor, so verfügt das JAZ GU-Süd als eingetragener Verein über einen Anspruch, so gestellt zu werden wie die übrigen Vereine. Das JAZ GU-Süd, welches die Aufnahme in den StFV anstrebt, erfährt insoferne eine Schlechterstellung, als ihm nach § 4 lit g Satzungen des StFV verpflichtend vorgeschrieben wird, mindestens 16 Spieler pro Mannschaft, die noch bei keinem der FIFA angehörigen Vereine registriert sind, anzumelden. Einen anderen neuen Verein, der bspw aus einer Fusion aus zwei Vereinen entsteht, trifft diese Verpflichtung zur Anmeldung von mindestens 16 Spielern pro Mannschaft, die noch bei keinem der FIFA angehörigen Vereinen angemeldet waren, jedoch nicht. Der Tatbestand ist jedoch derselbe wie beim JAZ GU-Süd. An den gleichen Tatbestand werden somit unterschiedliche Rechtsfolgen geknüpft, sodass mE der Gleichheitssatz verletzt ist. Im Vgl zu einem neu entstandenen Verein aus einer Verschmelzung wird das JAZ GU-Süd insoferne benachteiligt, als es für diese durch die Bestimmung des § 4 lit g leg cit um einiges schwieriger ist, im StFV aufgenommen zu werden, da der JAZ GU-Süd für die Aufnahme in den StFV Spieler engagieren muß, die bis dato noch für keinen der FIFA angehörigen Vereine tätig waren. Für die Bestimmung des § 4 lit g leg cit ergibt sich auch keine sachliche Rechtfertigung, sodass diese mE als gleichheitswidrig einzustufen ist.

1.1.4 Beispiel 4 („Traditionsverein ohne Lizenz")

Unter dem Begriff der Lizenz iSd Pkt 4.2 Lizenzierungshandbuch der ÖFBL versteht man das *„Zertifikat, welches die Erfüllung aller zwingenden Mindestkriterien durch den Lizenzbewerber bestätigt und zur Teilnahme an den Bundesliga-Klubwettbewerben (bzw. bei Erfüllung der zwingenden Kriterien geltend für die höchste Spielklasse an den UEFA-Klubwettbewerben) berechtigt".* Vermögensrechtlich betrachtet, gilt die Spiellizenz eines bestimmten Klubs der ÖFBL als Berechtigung zur Teilnahme an der von der ÖFBL veranstalteten und organisierten Meisterschaftsbetriebs der tipp3-Bundesliga oder „Heute für Morgen" Ersten Liga, dh es handelt sich um ein Mitgliedschaftsrecht des Vereins in Form einer Vorteils-, Nutzungs- oder Wertrechts.

Durch die Vorgangsweise der ÖFBL könnte der LASK Linz durch die Nichterteilung der Spiellizenz für die Saison 2012/13 in seinem Recht auf freie Erwerbsfreiheit verletzt worden sein, da er nunmehr durch die Versagung der Lizenz durch den ÖFBL nicht mehr Mitglied der „Heute für Morgen" Ersten Liga ist und somit aus dem österreichischen Profifußball ausscheidet. In der Saison 2012/13 spielt der LASK Linz nur mehr im Amateurbereich, nämlich der RLM. In diesem Zusammenhang stellt sich nun die Frage, unter welchen Voraussetzungen die von Art 6 Abs 1 StGG geschützte Erwerbsfreiheit des LASK Linz der Zulässigkeit eines Lizenzentzuges wegen Nichterfüllung der Kriterien der wirtschaftlichen Leistungsfähigkeit durch den ÖFBL entgegensteht. Primär muss das Erfordernis der wirtschaftlichen Leistungsfähigkeit und deren Nachweis sportbezogen sein. Das generelle Erfordernis der wirtschaftlichen Leistungsfähigkeit muss weiters auch geeignet sein, die Durchführung des Spielbetriebes für die betreffende Spielzeit zu fördern. Die Geeignetheit der wirtschaftlichen Leistungsfähigkeit zur Aufrechterhaltung des Spielbetriebes ist mE in concreto unproblematisch. In einem nächsten Schritt der Grundrechtsprüfung ist die Erforderlichkeit zu prüfen. Unter allen geeigneten Mitteln muss das gewählte Mittel das „mildeste" („gelindeste") sein, dh jenes, das die Grundrechtsposition des LASK Linz so wenig wie möglich einschränkt. Nicht erforderlich wäre ein Lizenzentzug als Sanktion für das Fehlen der wirtschaftlichen Leistungsfähigkeit oder das Fehlen ihres Nachweises, wenn die Sicherung der wirtschaftlichen Leistungsfähigkeit durch die Erteilung der Spiellizenz unter Auflagen oder Bedingungen möglich wäre (vgl Pkt 10.4 leg cit; Schiedsgericht des DFB, 16.7.2003, SpuRt 2003, 255 [*Eilers*]). So ist aufgrund nur geringer Zweifel an der Liquidität des Vereins oder einer noch bestehenden Deckungslücke geringen Umfangs nicht bereits die Verweigerung der Lizenz rechtens. In diesem Zusammenhang ist von den Sportverbänden als Lizenzgeber insbesondere zu berücksichtigen, dass sich sowohl die Einkommenssituation als auch die Ausgabensituation zugunsten des lizenzbeantragenden Vereins ändern kann. Viele Einnahmen sind nicht kalkulierbar, wie bspw die Zuschauereinnahmen, welche vom sportlichen Erfolg, der Attraktivität der Gegner und letztlich auch vom Wetter abhängen. Andererseits können zusätzliche Einnahmen durch den nicht planbaren sportlichen Erfolg in nationalen und internationalen Wettbewerben, die Akquisition von neuen Sponsoren sowie durch Spielverkäufe generiert werden. Die Versagung der Lizenz setzt jedoch eine hinreichend große Wahrscheinlichkeit für den Eintritt nicht nur kurzfristiger Liquiditätsprobleme voraus. Nur dann, wenn letztere nach kaufmännischer Erfahrung nicht zu vermeiden sind und die Erfüllbarkeit von Auflagen oder Bedingungen, welche die Zahlungsunfähigkeit des Vereins minimieren könnten, berechtigten Zweifel ausgesetzt sind, ist die Versagung der Lizenz aufgrund der fehlenden wirtschaftlichen Leistungsfähigkeit zulässig. Weiters muss die Lizenzverweigerung auch ein adäquates, dh verhältnismäßiges, Mittel darstellen. Zwischen den Interessen des Ligaverbandes als Lizenzgeber an wirtschaftlich „gesunden" Vereinen sowie Interessen anderer zu schützender Vereine desselben Wettbewerbs, der Zuschauer sowie der eigenen Angestellten und Geschäftspartner und der durch den Eingriff in die Grundrechtsposition der Erwerbsfreiheit verkürzten Rechtsposition des Vereines durch Versagung der Lizenz muss eine angemessene Relation bestehen. Derartige Eingriffe in die Erwerbsfreiheit eines Vereins müssen bei einer Gesamtabwägung zwischen der Schwere des Eingriffs und dem Gewicht der ihn rechtfertigenden Gründe verhältnismäßig sein. Den Interessen des finanzschwachen Vereines stehen die Interessen der anderen Vereine gegenüber. Die anderen Vereine desselben Wettbewerbs erleiden nämlich durch den kurzfristigen insolvenzbedingten Wegfalls eines Vereins einen Einnahmenausfall. Falls der Rückzug des insolventen Vereins erst während der Saison geschieht, so wird durch den Einnahmenausfall derjenigen Mannschaften, die noch kein Heimspiel gegen den insolventen Verein ausgetragen haben, die wirtschaftliche Chancengleichheit der Liga berührt. Auch die sportliche Gerechtigkeit innerhalb des Wettbewerbs erleidet einen Schaden, indem sich zwangsläufig die Konstellation ergibt, dass manche Vereine bereits gegen den insolventen Verein ein Meisterschaftsspiel bestritten haben und dies auch entsprechend gewertet worden ist. Andere Vereine hingegen hatten keine Möglichkeit mehr, gegen den insolventen Verein zu spielen.

Durch die Nichterteilung der Spiellizenz durch die ÖFBL an den LASK Linz könnte auch der Gleichheitsgrundsatz verletzt worden sein. Jeder Klub der ÖFBL muss seine wirtschaftliche Leistungsfähigkeit nachweisen und die in diesem Zusammenhang definierten finanziellen Kriterien erfüllen (Pkt 10 Abs 1 S 1 leg cit). Der Nachweis der wirtschaftlichen Leistungsfähigkeit erfolgt durch Vorlage von Unterlagen innerhalb festgesetzter Fristen und Einhaltung gewisser Anforderungen (Pkt 10 Abs 1 S 2 leg cit). Über die im Lizenzierungshandbuch der ÖFBL definierten geforderten verpflichtenden Unterlagen hinausgehend ist das Entscheidungsorgan der ÖFBL in erster Instanz, in concreto der Senat 5, bei Vorliegen von Umständen, die Anlass zum Vorliegen von ernsten wirtschaftlichen Schwierigkeiten des Lizenznehmers/-bewerbers geben, gemäß Pkt 10 Abs 4 leg cit berechtigt, Stellungnahmen und Zusatzinformation des betroffenen Vereins der ÖFBL zu verlangen, dem Klub weitere Auflagen zu erteilen sowie Sonderprüfungen durch einen vom Lizenzgeber beauftragten Prüfer durchführen zu lassen. Erfolgt die Einreichung der Unterlagen nicht termingemäß bzw sind die eingereichten Unterlagen unvollständig oder nicht bestimmungsgemäß, kann der Senat 5 der ÖFBL Sanktionen verhängen bzw kann nach Verstreichen einer gesetzten Nachfrist von maximal 10 Kalendertagen die Lizenz verweigern (Pkt 10 Abs 5 leg cit). Ein willkürliches Verhalten, welches einen Verstoß gegen den Gleichheitsgrundsatz des Art 7 B-VG und Art 2 StGG darstellen könnte, würde in concreto dann vorliegen, wenn einem Verein der ÖFBL aus der Bundeshauptstadt Wien die Spiellizenz unter Auflagen und Bedingungen erteilt worden ist, dem LASK Linz jedoch bei vergleichbaren Verhältnissen wirtschaftlicher Leistungsfähigkeit die Lizenz ohne Gewährung von Auflagen und Bedingungen versagt wird, wie es de facto auch geschah. Bei der eben erwähnten Vorgangsweise der Ungleichbehandlung zweier Profivereine im Rahmen des Lizenzierungsverfahrens würde ein Ermessensmißbrauch seitens ÖFBL vorliegen, da diese sich schließlich – im Rahmen der Ausübung von Ermessen – von Erwägungen bezüglich regionaler Unterschiede leiten ließ, sodass die Versagung der Lizenz für den LASK Linz rein willkürlich erfolgte und somit dem Gleichheitssatz gemäß Art 7 B-VG und Art 2 StGG entgegenstehen würde.

1.1.5 Beispiel 5 („Sitzwechsel eines Vereins")

ME stellt sich in diesem Zusammenhang aus verfassungsrechtlicher Sicht insbesondere die Frage, ob die Möglichkeit einer Sitzverlegung eines Profifußballvereins durch Bestimmungen des Lizenzierungshandbuchs der ÖFBL überhaupt beschränkt werden kann, da die Sitzverlegung eines Vereins einen Ausfluss des verfassungsgesetzlich gewährleisteten Rechts der Vereinsfreiheit gemäß Art 12 StGG darstellt. Auch das Grundrecht der freien Erwerbstätigkeit könnte mE durch die Versagung der Sitzverletzung tangiert sein. Gemäß Pkt 4.4.1.1 Lizenzierungshandbuch der ÖFBL muss der Lizenzbewerber zum Zeitpunkt der Antragstellung auf Erteilung der Lizenz mindestens drei Jahre Mitglied jenes Landesverbandes des ÖFB sein, an welchem der Vereinssitz de facto sein soll. Das Interesse der ÖFBL an dieser Regelung liegt in der Verhinderung des entgeltlichen Erwerbs der Spiellizenz. Durch Pkt 4.4.1.1 leg cit soll sichergestellt werden, dass nur Vereine, welche bereits mindestens drei Jahre Mitglied des jeweiligen Landesverbandes sind, eine Lizenz erhalten sollen. ME ist dieses Ziel zwar geeignet, den entgeltlichen Erwerb von Lizenzen zu unterbinden, jedoch entspricht diese Maßnahme keinesfalls dem Erforderlichkeitsprinzip sowie der Adäquanz. Die Maßnahme der ÖFBL ist mE deswegen nicht erforderlich, als bereits die Bestimmungen der Pkt 4.2.1.3 und 4.2.1.4 leg cit ganz klar statuieren, dass, sowohl eine Übertragbarkeit der Spiellizenz als auch eine Abtretung von Rechten aus der Spiellizenz nicht möglich ist. Weiters besteht mE zwischen den Interessen der ÖFBL an einer Verhinderung jeglicher Methoden und Praktiken, welche die Regularität der Spiele oder Wettbewerbe gefährden, und dem Interesse des Vereins an einer Sitzverlegung keine angemessene Relation. Das Interesse des Vereins, aus wirtschaftlichen, infrastrukturellen oder sportlichen Gründen seinen Sitz zu verlegen, wiegt um einiges schwerer als die Interessen der ÖFBL, sodass mE die Bestimmung des Pkt 4.4.1.1 leg cit unter verfassungsrechtlichen Gesichtspunkten als bedenklich einzustufen ist.

1.1.6 Beispiel 6 („übertalentierter Jugendfußballspieler")

Gemäß § 23 Abs 2 Vorschriften für den Nachwuchsspielbetrieb des StFV darf ein Spieler im Kinderfußball, darunter versteht man den Altersbereich von U-7 bis U-12 (§ 22 Abs 1 leg cit), nur in seiner und in den beiden nächsthöheren Spielklassen eingesetzt werden. So darf ein U-9 Spieler sowohl in dieser Altersklasse als auch in den Altersklassen U-10 und U-11 eingesetzt werden. Eine ganz andere Rechtslage ist jedoch im Bereich des Jugendfußballs, also in den Leistungsklassen U-13 bis U-19 (§ 13 Abs 1 leg cit) vorzufinden. Ein U-15 Spieler darf nämlich in seiner und in allen höheren Spielklassen (U-16 bis U-19) eingesetzt werden (§ 14 Abs 3 S 1 leg cit). Während im Bereich des Jugendfußballs keine Abschottung nach oben vorzufinden ist, existiert eine derartige im Bereich des Kinderfußballs. Aus diesem Grund ist mE die Bestimmung des § 23 Abs 2 leg cit aus dem Blickwinkel des Gleichheitsgrundsatzes äußerst problematisch. Diese Unterscheidung zwischen dem Kinder- und dem Jugendfußball ist mE nicht sachlich gerechtfertigt, da iSd Gleichheitssatzes an gleiche Tatbestände gleiche Rechtsfolgen zu knüpfen sind. Zwischen einem U-9 Spieler und einem U-15 Spieler bestehen keine Unterschiede im Tatsachenbereich, sodass es sachlich gerechtfertigt wäre, bei einem U-9 Spieler im Vgl zu einem U-15 Spieler eine restriktivere Abschottung nach oben vorzunehmen.

1.1.7 Beispiel 7 („verhängte Dopingsperre")

Es ist möglich, dass der Leichtathlet L sowohl von einem Sportgericht als auch einem ordentlichen Gericht bestraft wird, denn der allgemeine Rechtsgrundsatz *„ne bis in idem"* gelangt dann nicht zur Anwendung, wenn Verbandssanktionen neben staatliche Sanktionen treten können. Dies aus dem Grunde, als die Kompetenz zur Verhängung einer Strafe durch ein Sportgericht und die staatliche Strafgewalt über unterschiedliche Rechtsgrundlagen verfügen. In concreto liegt mE somit kein Verstoss gegen das Verbot der Mehrfachbestrafung vor.

1.1.8 Beispiel 8 („Freigabe verweigernder Fußballverein")

Das ÖFB-Regulativ für Spieler und Vereine sieht nur zwei Wechselfristen im Spieljahr vor, vgl § 7 Abs 1 lit a ÖFB-Regulativ für Spieler und Vereine: *„Die Übertrittszeiten der Landesverbände sind von 5. bis 15. Juli [Sommerübertrittszeit] und vom 1. bis 31. Jänner [Winterübertrittszeit]."* Ein Fußballspieler, der kurz nach Ablauf der Transferperiode den Verein wechseln möchte, muss somit maximal eine Stehzeit von sechs Monaten in Kauf nehmen, um den Fußballsport wieder wettbewerbsmäßig ausüben zu können. In Bezug auf einen möglichen Grundrechtseingriff erscheint auch die Bestimmung des § 8 Abs 1 leg cit (*„Nationaler Vereinswechsel im Freigabeverfahren für Amateure"*) von besonderer rechtlicher Relevanz *„Ein Amateurspieler kann in der Sommerübertrittszeit und/oder in der Winterübertrittszeit eines jeden Jahres mit der Freigabe seines bisherigen Vereins den Verein wechseln."* Die Entscheidung, ob der abgebende Verein die Freigabe erteilt, kann von diesem völlig willkürlich getroffen werden. Diese Bestimmung würde selbst die gänzliche Verweigerung der Freigabe zulassen, diese müsste nicht einmal begründet werden. Die grundrechtliche Problematik der Bestimmung des § 8 Abs 1 leg cit erfährt aber insoferne ein Entschärfung, als die Bestimmung des § 11 Abs 6 S 1 leg cit die Möglichkeit vorsieht, dass dem Spieler nach Ablauf einer Wartezeit von einem Jahr ein Beitritt bei einem neuen Verein möglich ist, ohne dass der abgebende Verein dem Spieler eine Freigabe erteilen muss bzw vom aufnehmenden Verein an den abgebenden Verein eine Entschädigungszahlung zu leisten ist. Diese Stehzeit von mindestens einem Jahr kann sich aber, weil die Abmeldung beim alten Verein nur einmal im Jahr, nämlich in den ersten sechs Tagen der Sommerübertrittszeit, zu erfolgen hat (§ 11 Abs 1 S 1 leg cit), auf fast zwei Jahre erhöhen. Setzt man also die durch die Wartefrist geförderten Interessen des Vereins in Relation zu den durch diese Beschränkung beeinträchtigten Interessen des Spielers, so überwiegen wohl ganz klar die

Interessen des Spielers, sodass ein grobes Missverhältnis zwischen den einzelnen Interessen vorliegt. Die Vorschreibung einer Wartefrist für den Spieler S ist in concreto somit sittenwidrig und das unabhängig von seiner Dauer. Dies aus dem Grunde, als man bedenken muss, dass die Möglichkeit des Spielers S sich von seinem alten Verein abzumelden, auf einen ganz kurzen Zeitraum in der Sommerübertrittszeit beschränkt ist und sich für den Spieler S die Wartezeit von mehreren Monaten bis zu fast zwei Jahren erhöhen könnte. Die Rechtsansicht des Spielers S, dass die Stehzeit verfassungsrechtlich höchst bedenklich sei, ist somit korrekt.

1.1.9 Beispiel 9 („bestrafter Profitennisspieler")

Der Profitennisspieler T wäre vom Disziplinarreferenten des ÖTV gemäß Kapitel III Abschnitt 4 Pkt 3 Abs 1 Disziplinarordnung des ÖTV vom Disziplinarreferenten mündlich zur Sache einzuvernehmen gewesen. Dies aus dem Grunde, als die Ergebnisse des Verfahrens laut eigener Auffassung des Disziplinarreferenten des ÖTV nicht ausreichen, um über eine Verbandsstrafe entscheiden zu können. Eine Anhörung des Tennisspielers T erfolgte durch den ÖTV jedoch zu keinem Zeitpunkt des Verbandsverfahrens. Der Verfahrensgrundsatz des rechtlichen Gehörs des Tennisspielers T ist somit in concreto verletzt. Diesen Verfahrensfehler könnte der Tennisspieler T gemäß Kapitel III Abschnitt 4 Pkt 9 Abs 1 leg cit mit dem Rechtsmittel des Rekurses an den Disziplinarausschuss als zweite Instanz geltend machen.

1.1.10 Beispiel 10 („diskriminierender Fußballspieler")

Unabdingbare Voraussetzung für die Gewährleistung der Richtigkeit der Entscheidung ist die Erforschung der Wahrheit anhand geeigneter Beweismittel. Dies gilt nicht nur für die ordentlichen Gerichte, sondern auch für die Spruchkörper der Verbandsgerichte. Als Beweismittel sollten in concreto die Aussagen des Spielers A, Spielers B sowie weiterer Zeugen dienen. Der Vorsitzende des Strafausschusses des OÖFV verzichtete jedoch auf die Einvernahme der weiteren, vom Spieler A beantragten, Zeugen zum Beweis dafür, dass der Spieler A vom Spieler B vor der gegenständlichen rassistischen Äußerung provoziert worden sei. Die Einvernahme dieser weiteren Zeugen hielt der Vorsitzende des Straufausschusses des OÖFV für nicht notwendig, da diese lügen würden. Aus diesem Grund ist dem Vorsitzenden des Strafausschusses des OÖFV eine „vorgreifende Beweiswürdigung" zur Last zu legen. Die Ablehnung von Beweisanträgen nur deshalb, weil die Zeugen ohnedies lügen würden, ist nämlich unzulässig. Der ÖFB hat in der ÖFB-RPO einen dreigliedrigen Instanzenzug vorgesehen (vgl §§ 81 ff leg cit: Erste Instanz, §§ 84 ff leg cit: Zweite Instanz sowie §§ 91 ff leg cit: Dritte Instanz). Gegen Entscheidungen der Spruchkörper eines Landesverbandes kann somit das Rechtsmittel des Protests erhoben werden (§§ 84 ff leg cit). Der Spieler A hat somit die Möglichkeit, das Rechtsmittel des Protests an das Protestkomitee des OÖFV zu erheben, um den Verfahrensfehler des Vorsitzenden des Strafausschusses des OÖFV zu relevieren.

1.2 Beispiele aus dem Dritten Abschnitt

1.2.1 Beispiel 11 („Fusion zweier Vereine")

Die optimalste Form der Umbildung für die beiden Vereine X und Y sowie der Stadt G wäre die Verschmelzung durch Aufnahme. Diese Form der Umgründung wurde von den Vereinsverantwortlichen der Vereine X und Y schliesslich auch gewählt. Als aufnehmender Verein fungierte dabei der Verein X. Als übertragender Verein gilt der Verein Y, sodass der Verein Y mit dem Verein X zu einem neuen Verein, nämlich Verein Z, verschmolzen wird. Im Wege der Verschmelzung durch Aufnahme überträgt der Verein Y mit Sitz in der Stadt G sein gesamtes Vermögen im Wege der Einzelrechtsnachfolge auf den Verein X. Als Gegenleistung gewährt der Verein X als übernehmender Verein dem Verein Y als übertragender Verein eine gewisse Anzahl von Sitzen im neu zu gründenden Verein Z. Der Verein X als übernehmender Verein nimmt eine Namensänderung vor, sodass dieser nunmehr Verein Z heißt. Über die Zusammenführung der beiden Vereine X und Y wurde von den vertretungsbefugten Organen der beiden Vereine eine Absichtserklärung dergestalt unterzeichnet, dass eine Fusion angestrebt werde. Danach wurde in den Vereinen X und Y eine Mitgliederversammlung abgehalten, um die Zustimmung zur Fusion seitens der Vereinsmitglieder der beiden Vereine X und Y zu erhalten. Schliesslich wurde von einem nur *„pro forma"* gegründeten Vorverein zur Gründung des Vereins Z eine Gründungsversammlung einberufen. Diese Einladung zur Gründungsversammlung richtete sich an alle Mitglieder der Vereine X und Y. Im Rahmen dieser Gründungsversammlung kam es dann ua zur endgültigen Abstimmung über die Fusion sowie über die Wahl des neuen Vorstandes des Vereines Z. Des weiteren wurde zwischen den Vereinen X und Y ein Verschmelzungsvertrag abgeschlossen, welcher die Rechtsgrundlage für diese Fusionierung schaffte. Dieser Verschmelzungsvertrag ist nur dann wirksam, wenn diesem die Mitglieder der an der Verschmelzung beteiligten Rechtsträger zustimmen. De facto erfolgte dies auch so, indem die Vereine X und Y getrennte Mitgliederversammlungen abhielten und über die Verschmelzung abstimmten. In diesen Mitgliederversammlungen wurden vom jeweiligen Vorstand der Vereine X und Y den Mitgliedern der Vereine X und Y der Inhalt des Verschmelzungsvertrages genauer erläutert. Der Verschmelzungsvertrag selbst bedurfte keiner notariellen Beurkundung.

Verbandsrechtlich ist die Verschmelzung von zwei Fußballvereinen in § 14 Regulativ für die dem ÖFB angehörigen Vereine und Spieler geregelt. Wenn eine Fusion von Vereinen innerhalb von einer Woche nach der Beendigung der Meisterschaft abgewickelt wird, so sind die Spieler an den neuen Verein gebunden (§ 14 Abs 1 S 1 leg cit). Wird die Fusion zwischen den Vereinen jedoch zu einem anderen Zeitpunkt durchgeführt, so haben Amateurspieler gemäß § 14 Abs 1 S 2 leg cit das Recht des Vereinswechsels, wenn sie den Austritt aus dem neuen – durch die Verschmelzung entstandenen – Verein innerhalb von 14 Tagen nach der Fusion dem jeweiligen Landesverband bekanntgeben. Die Spielerverträge der von einer Fusion betroffenen Spieler behalten ihre Gültigkeit, sodass auch der neue Verein an diese gebunden ist (§ 14 Abs 1 S 5 leg cit). Nicht unter den Begriff des Zusammenschlusses von Vereinen fällt die Namensänderung eines Vereines (§ 14 Abs 3 leg cit). Besonders interessant ist auch die Bestimmung des § 14 Abs 4 leg cit, wonach sich die Spieler nach einer Auflösung der Fusion innerhalb von 14 Tagen zu entscheiden haben, welchem der Vereine sie nach der Auflösung angehören wollen.

1.2.2 Beispiel 12 („Bildung einer Spielgemeinschaft")

Aus verbandsrechtlicher Sicht ist auszuführen, dass die Möglichkeit der Bildung einer Spielgemeinschaft im Fußball in den Bestimmungen für Spielgemeinschaften von Kampfmannschaften des ÖFB geregelt sind. Zwischen einer Fusion und einer Bildung einer Spielgemeinschaft bestehen jedoch gravierende Unterschiede. So bestimmt § 1 ÖFB-Bestimmungen für Spielgemeinschaften von Kampfmannschaften, dass es zwei Vereinen aus wirtschaftlichen und sportlichen Gründen möglich ist, Spielgemeinschaften zu bilden, wobei der Spielbetrieb beider Vereine aufrecht bleibt. Bei der Spielgemeinschaft handelt es sich somit weiterhin – im Gegensatz zur Verschmelzung – um zwei selbständig existierende Vereine. In concreto war es somit auch den beiden Vereinen WAC sowie SK St. Andrä möglich, eine Spielgemeinschaft zu bilden.

1.2.3 Beispiel 13 („Verkauf der Spiellizenz")

Da es sich bei der Spiellizenz der ÖFBL lediglich um einen Teil des Mitgliedschaftsrechts eines Vereins zur ÖFBL und zusätzlich um ein solches mit Vermögenswert handelt, stehen einer rechtsgeschäftlichen Verfügung über eine Spiellizenz mE keinerlei Bedenken entgegen. An einem Verein existieren – anders als bei der GmbH – keine Anteile, die entgeltlich abgetreten werden könnten. Aus dieser Tatsache können jedoch keinerlei Rückschlüsse auf die Möglichkeit einer rechtsgeschäftlichen Übertragung der Spiellizenz eines Vereines auf den anderen getroffen werden. Vielmehr werden bei der Übertragung einer Spiellizenz keine Anteile eines Vereins abgetreten, sondern ein vermögenswertes Vorteilsrecht auf einen anderen Verein übertragen. Die Spiellizenz stellt sich als schuldrechtliches Forderungsrecht gegenüber der ÖFBL dar, am Meisterschaftsbetrieb der ÖFBL teilnehmen zu können. Die Spiellizenz des FC Pasching konnte somit im Wege einer Zession iSd §§ 1392 bis 1399 ABGB auf den SK Austria Kärnten übertragen werden. Bei der Spiellizenz handelt es sich um ein veräußerliches Recht, welches somit gemäß § 1393 S 1 leg cit Gegenstand einer Abtretung sein kann. Dieser Forderungsabtretung können verschiedene Verpflichtungsgeschäfte, nämlich Forderungsverkauf oder Schenkung, zugrunde liegen. In concreto lag der Übertragung der Spiellizenz vom FC Pasching an den SK Austria Kärnten ein Forderungsverkauf zugrunde.

Aus verbandsrechtlicher Sicht stellt sich die Situation hingegen anders dar, denn Pkt 4.2.1.3 und 4.2.1.4 Lizenzierungshandbuch der ÖFBL schließen eine Übertragbarkeit der Spiellizenz bzw eine Abtretung von Rechten aus der Spiellizenz aus. Diese Bestimmungen sind mE jedoch mit der Rechtsfolge der Nichtigkeit des § 879 Abs 3 ABGB behaftet. § 879 Abs 3 leg cit legt fest, dass eine in den AGB oder Vertragsformblättern enthaltene Vertragsbestimmung, welche nicht die beiderseitigen Hauptleistungen regeln, nichtig ist, wenn sie unter Berücksichtigung aller Umstände des Einzelfalles einen Vertragspartner gröblich benachteiligt. Unter dem Begriff der AGB versteht man nach der hM jede Vertragsbestimmung, die von einer Vertragspartei oder einer ihr zurechenbaren Person für eine Vielzahl von Fällen vorformuliert sind und zwischen den Parteien des konkreten Vertrages nicht im Einzelnen ausgehandelt worden sind. Die Bestimmungen in den Pkt 4.2.1.3 und 4.2.1.4 leg cit, welche eine Übertragbarkeit der Spiellizenz untersagen bzw eine Abtretung der Rechte aus der Spiellizenz nicht zulassen, finden sich im Lizenzierungshandbuch der ÖFBL. Durch das Unterschreiben des Lizenzantrags durch den Verein akzeptiert dieser ua die Anwendbarkeit der Bestimmungen des Lizenzierungshandbuchs der ÖFBL, welche mE die Rechtsqualität von AGB bzw Vertragsformblättern iSd § 879 Abs 3 ABGB aufweisen. Die Bestimmungen der Pkt 4.2.1.3 und 4.2.1.4 Lizenzierungshandbuch der ÖFBL stellen Vertragsbestimmungen dar, die nicht eine der beidseitigen Hauptleistungen iSd § 879 Abs 3 ABGB regeln. Denn die Hauptleistungen des Lizenzvertrages bestehen auf Seiten der ÖFBL in der Erfüllung des Forderungsrechts des Vereins an der Teilnahme der ÖFBL und auf Seiten des Vereins in der Erfüllung der sportlichen, infrastrukturellen, personellen/administrativen sowie finanziellen Voraussetzungen zur Teilnahme an den Meisterschaften der ÖFBL, sodass es sich bei den Bestimmungen der Pkt 4.2.1.3 und 4.2.1.4 Lizenzierungshandbuch der ÖFBL lediglich um Nebenbestimmungen handelt. ME sind diese Bestimmungen mit der Rechtsfolge der Nichtigkeit bedroht, da sie den betroffenen Verein, welcher seine „Spiellizenz" verkaufen möchte, gröblich benachteiligt. In concreto hat ein Verein, der in Österreich Profifußball spielen möchte, keinerlei andere Möglichkeiten, als den Lizenzantrag an die ÖFBL zu stellen. Denn die ÖFBL gilt als Monopolverband, sodass der Verein auf die Bestimmungen des Lizenzierungshandbuchs der ÖFBL keinerlei Einfluss hat und somit verpflichtet ist, die Geltung dieser Bestimmungen durch Unterschrift des Lizenzantrages als verbindlich anzuerkennen. ME sind die Bestimmungen der Pkt 4.2.1.3 und 4.2.1.4 leg cit somit mit relativer Nichtigkeit behaftet, sodass die Nichtigkeit nicht von Amts wegen zu beachten ist, sondern nur durch Einwendung des betroffenen Vereins. Derartige in AGB enthaltene Zessionsverbote könnten mE auch als Missbrauch einer marktbeherrschenden Stellung gemäß §§ 4 ff KartG 2005 einzustufen sein und somit ebenfalls als nichtig gelten. Bis dato hat die Rsp jedoch – soweit für den Autor überschaubar – Zessionsverbote, selbst wenn sie in AGB vereinbart worden sind, keiner Sittenwidrigkeitskontrolle unterzogen. Aus zivilrechtlicher Sicht war der Verkauf der Spiellizenz vom FC Pasching an den SK Austria Kärnten somit zulässig. Grundsätzlich ist eine Übertragung einer Spiellizenz aus verbandsrechtlicher Sicht nicht möglich, jedoch kann mE in der relativen Nichtigkeit der Bestimmungen der Pkt 4.2.1.3 und 4.2.1.4 Lizenzierungshandbuch der ÖFBL ein „Schlupfloch" gesehen werden, einen Lizenzverkauf auch verbandsrechtlich rechtmäßig abwickeln zu können.

1.2.4 Beispiel 14 („ausgliedernder Verein")

Die österreichischen Profifußballklubs treten größtenteils in der Rechtsform eines Idealvereines iSd § 1 Abs 1 auf. Hierbei beanspruchen die Profifußballvereine idR die Begünstigungen der abgabenrechtlichen Gemeinnützigkeit. Gerade für den Profifußball ist zu erkennen, dass das Vereinsrecht kein adäquates Instrument für die Organisation, Finanzierung sowie Führung des Unternehmens eines Vereines der ÖFBL darstellt. Aus diesem Grunde haben im Bereich des österreichischen Profifußballs bereits einige Vereine wirtschaftliche Teilfunktionen ihres Vereines (bspw das Marketing oder die Verwaltung ihres Anlagevermögens) oder die ganze Profispielerabteilung auf eine Kapitalgesellschaft ausgegliedert. Die Ausgliederung des Profispielbetriebes in eine Kapitalgesellschaft entspricht dem Trend im internationalen Berufsfußball. Dieser Trend, der mE absolut zu begrüßen ist, hat im österreichischen Profifußball im Vgl zu anderen Ländern leider erst später eingesetzt. Als Bsp einer umfangreichen Ausgliederung von Teilbereichen des Vereines und des Profispielbetriebes im österreichischen Fußball ist die „FK Austria Wien AG", welche neben dem Verein „FK Austria Wien" besteht, zu nennen. Der Verein ist dabei 100 % Anteilseigner der AG. Weiters halten an der „FK Austria Wien AG" noch die „FK Austria Wien Merchandising GmbH" sowie die „FK Austria Wien Gastro GmbH" diverse Beteiligungen. Innerhalb der „FK Austria Wien AG" existiert ein Vorstand Finanzen, welcher zugleich Vorstands-Vorsitzender ist, und ein Vorstand Sport. Weiters besteht ein Aufsichtsrat, der aus einem Aufsichtsrat-Vorsitzenden, einem Aufsichtsrat-Vorsitzenden-Stellvertreter sowie zehn weiteren Aufsichtsratmitgliedern besteht. Die Ausgliederung hat zur Folge, dass alle mit dem Profispielbetrieb zusammenhängenden Aktivitäten nur noch über die Kapitalgesellschaft abgewickelt werden, sodass die Kapitalgesellschaft alleiniger Träger des Unternehmens „Profifußball" ist. So werden alle Verträge, bspw die Arbeitsverträge der Spieler, im Namen der Kapitalgesellschaft abgeschlossen.

Es besteht jedoch das Problem, dass die Kapitalgesellschaft aufgrund verbandsrechtlicher Vorschriften der ÖFBL nicht vollständig an die Stelle des Vereins treten kann, denn als Lizenzwerber kann nur ein Verein eines der Landesverbände des ÖFB auftreten (Pkt 4.4.1.2 Lizenzierungshandbuch der ÖFBL). Die Durchführung einer Ausgliederung stellt aus vereinsrechtlicher Sicht eine wesentliche Entscheidung mit zumindest materiell satzungsänderndem Charakter dar, weshalb sie jedenfalls der Zustimmung der Mitgliederversammlung des Vereins bedarf. Gemäß Pkt 4.4.2.1 leg cit ist die Ausgliederung der Profisportabteilung des Lizenzbewerbers in eine Kapitalgesellschaft zulässig. Im Falle einer Ausgliederung in eine Gesellschaft müssen die finanziellen Lizenzierungskriterien nicht nur vom Lizenzbewerber (lizenznehmendes Mitglied), sondern insbesondere auch von der Gesellschaft selbst erfüllt werden (Pkt 4.4.2.3. leg cit). Gemäß Pkt 4.4.2.5. leg cit muß der Lizenzbewerber/-nehmer weiters beherrschenden Einfluss auf die Gesellschaft haben und über die Mehrheit der Stimmrechte an der Gesellschaft verfügen. Schließlich muss die Gesellschaft, in welche der Profilspielbetrieb ausgegliedert wird, seinen Sitz in Österreich haben (Pkt 4.4.2.5. leg cit).

Im Rahmen einer Ausgliederung gründete auch der der SK Sturm Graz (Verein der tipp3-BL) am 16.4.2012 die „SK Sturm Sportbetriebe GmbH", welche von einem sportlichen und wirtschaftlichen Geschäftsführer vertreten wird. Daneben besteht – die schon seit einiger Zeit existierende – „SK Sturm Graz Wirtschaftsbetriebe GmbH," im Rahmen derer sämtliche Marketingaktivitäten des Vereins abgewickelt werden. Die „SK Sturm Wirtschaftsbetriebe GmbH" und die „ SK Sturm Sportbetriebe GmbH" sind zu 100 % Töchter des Vereins. Ganz anders verhält sich die Situation jedoch in der zweithöchsten Spielklasse („Heute für Morgen" Erste Liga) im österreichischen Profifußball. Keiner der 10 Vereine der „Heute für Morgen" Ersten Liga hat seinen Profispielbetrieb – soweit für den Autor überschaubar – bis dato auf eine Sportkapitalgesellschaft ausgegliedert.

1.2.5 Beispiel 15 („freigabezusichernder Verein")

Sämtliche vom Verein X angerufene Verbandsinstanzen gelangten zur Auffassung, dass die vom Obmann O des Verein X erteilte kostenlose Freigabe an den Spieler S diesem gegenüber volle Rechtswirksamkeit erlangte. Begründet wurde dies ua mit der Bestimmung des § 6 Abs 3 S 1, wonach die organschaftliche Vertretungsbefugnis von der Frage der Gesamt- und Einzelvertretung abgesehen, Dritten gegenüber unbeschränkbar ist. Weiters stützten die Verbandsinstanzen ihre Entscheidungen auf die Bestimmung des § 6 Abs 3 S 2, wonach in den Statuten vorgesehene Beschränkungen nur im Innenverhältnis Wirksamkeit erlangen. Die Einzelvertretungsbefugnis des Obmanns O des Vereins X, welcher den Verein nach außen vertritt, war im Rahmen des Verbandsverfahrens unstrittig. Nach der Rechtsauffassung der Verbandsinstanzen sind allfällige Beschränkungen im Innenverhältnis aufgrund der organschaftlichen Formalvollmacht des § 6 Abs 3 nicht möglich. Damit sollte die Verkehrssicherheit und der Vertrauensschutz des Dritten erhöht werden, sodass der Spieler S keine Nachforschungen betreiben hätte müssen, ob der Obmann O des Vereins X nun befugt war, für den Verein X alleine zu zeichnen oder nicht.

Diese Rechtsauffassung der Verbandsinstanzen, wonach die Erklärung des ehemaligen Obmanns O des Vereins X diesen zumindest nach den Grundsätzen der Anscheinsvollmacht binden würde, gilt mE als verfehlt. In concreto wurden nämlich sämtliche Spielerverhandlungen auf Seiten des Vereins X von einem externen Berater B des Vereins X geführt, sodass der Verein X erst gar nicht den Rechtsschein erwecken konnte, dass für sämtliche Transferangelegenheiten samt Abschluss der Spielerverträge des Vereins X Obmann O zuständig sei. Aufgrund der Tatsache, dass sämtliche Spielerverhandlungen durch den externen Berater B des Vereins X durchgeführt worden sind und neben diesem bei Verhandlungen mit Spielern oft auch andere Personen des Vereins X anwesend waren, hätte der Spieler S keineswegs darauf vertrauen dürfen, dass die Vereinbarung über den Verzicht des Vereins X auf die Transferentschädigung, welche ausschließlich vom Obmann O des Vereins X unterschrieben wurde, rechtsgültig zustande gekommen ist. Eine Anscheinsvollmacht kann nämlich nur dann angenommen werden, wenn bzw soweit der Dritte erkannt oder hätte erkennen müssen, dass der Geschäftsherr dem Vertreter keine Vollmacht erteilt hat. Aufgrund der Tatsache, dass die Spielerverhandlungen – wie bereits ausgeführt – immer vom externen Berater B des Vereins X geführt worden sind und dabei oft auch andere Personen des Vorstands des Vereins X anwesend waren, hätte der Spieler S erkennen müssen, dass Obmann O des Vereins X „alleine" den Verein mit seiner Unterschrift nicht binden könne (vgl OGH 15.12.2009, 6 Ob 102/11k, GES 2011, 280 = Zak 2011/551 = wbl 2011/208 = ecolex 2011/347). ME wäre dem Spieler S in diesem Zusammenhang leichte Fahrlässigkeit vorzuwerfen gewesen. Vielmehr wäre es dem Spieler S zumutbar gewesen, einen Blick in das ZVR zu machen. Hätte der Spieler S dies getan, hätte er erkennen können, dass der Verein X in geldwerten Angelegenheiten lediglich vom Obmann O und dem Kassier K in Kollektivvertretung verpflichtet werden kann. Ein Blick in das ZVR erfolgte vom Spieler S jedoch zu keinem Zeitpunkt, obwohl es ihm schon aufgrund der Tatsache, dass die Verhandlungen mit ihm vom externen Berater B des Vereins X geführt worden sind, auffallen hätte müssen, dass der Obmann O des Vereins X diesen durch seine Unterschrift nicht alleine verpflichten könne. Entgegen der Auffassung der Verbandsinstanzen, entfaltet die streitgegenständliche Vereinbarung der kostenlosen Freigabe mE gegenüber dem Spieler S keinerlei rechtliche Bindungswirkung, sodass sich dieser auf die Vereinbarung der kostenlosen Freigabe im Rahmen des Transfers vom Verein X zu Verein Y auch nicht darauf berufen kann.

1.2.6 Beispiel 16 („Verein mit provisorischem Vorstand")

Die Vorgehensweise der BH als Vereinsbehörde in erster Instanz gemäß § 9 Abs 1 ist nicht zu beanstanden. Die Vereinsbehörde übt die behördliche Aufsicht über sämtliche Vereine in ihrem jeweiligen Zuständigkeitsbereich aus. In § 14 Abs 2 ist für den Verein die Verpflichtung statuiert, der Vereinsbehörde alle seine organschaftlichen Vertreter unter Angabe ihrer statutengemäßen Funktion, ihres Namens, ihres Geburtsdatums, ihres Geburtsorts und ihrer für die Zustellung maßgeblichen Adresse sowie den Zeitpunkt des Beginns der Vertretungsbefugnis der Organwalter binnen vier Wochen nach ihrer Bestellung bekanntzugeben. Die BH ist gleichzeitig Verwaltungsstrafbehörde. In § 31 findet sich eine taxative Aufzählung aller Tatbestände, bei deren Vorliegen über den Verein eine Verwaltungsstrafe verhängt werden kann. Das Unterlassen der Bekanntgabe der wesentlichen Daten der Organwalter des Vereins fällt unter den Verwaltungsstraftatbestand des § 31 Z 4 lit b. Aus diesem Grunde gilt die Aufforderung der BH gegenüber dem Verein V, bekanntzugeben, wer die derzeitigen Mitglieder des Leitungsorgans des Vereins V sind, als rechtskonform.

1.2.7 Beispiel 17 („aus Obmann bestehender Verein")

Für die Verbindlichkeiten des Vereins haftet der Verein mit seinem Vermögen (§ 23 S 1). Der Organwalter haftet mit seinem persönlichen Vermögen gemäß § 23 S 2 nur dann, wenn sich dies aus anderen gesetzlichen Vorschriften oder auf Grund persönlicher rechtsgeschäftlicher Verpflichtungen ergibt. Die Möglichkeit einer Haftungsfreistellung, dass der Obmann O des Vereins S erklärt, nunmehr im Rahmen dieser Vereinbarung gegenüber den Organwaltern X und Y, diese bei einer etwaigen haftungsrechtlichen Inanspruchnahme durch Gläubiger des Vereins S schad- und klaglos zu halten, ist mit dem VerG 2002 vereinbar. Diese ausdrückliche Zusage der Schad- und Klagloshaltung gegenüber den Organwaltern X und Y bezieht sich nur auf das Innenverhältnis zwischen dem Obmann O des Vereins S und den Organwaltern X und Y.

Die gegenständliche Haftungsfreistellungs- bzw Haftungsausschlussvereinbarung entfaltet somit keine Außenwirkung gegenüber Dritten, nämlich den Gläubigern des Vereins S. Die Übernahme der Schad- und Klagloshaltung des Obmanns O des Vereins S für die Organwalter X und Y ist rechtlich unbedenklich, da sich jeder Organwalter oder jedes Mitglied eines Vereins rechtsgeschäftlich persönlich zur Haftung für Forderungen von Gläubigern gegenüber dem Verein verpflichten kann. In concreto handelt es sich bei der Übernahme der Haftung durch den Obmann O für die Organwalter X und Y im Falle der Inanspruchnahme dieser durch die Gläubiger des Vereins S um einen Schuldeintritt (privative Schuldübernahme) gemäß § 1405 ABGB. Durch diese Haftungsfreistellungsvereinbarung der Organwalter X und Y tritt der Obmann O des Vereins an die Stelle der eigentlichen Schuldner der Forderung von Gläubigern des Vereins S, während die Organwalter X und Y aus der Haftung entlassen werden.

1.2.8 Beispiel 18 („haftungsresistente Organwalter eines Vereins")

Ein Organwalter eines Vereins haftet dem Verein für einen eventuell eintretenden Schaden nach den Bestimmungen des §§ 1293 ff ABGB dann, wenn dieser unter Missachtung der Sorgfalt eines ordentlichen und gewissenhaften Organwalters seine gesetzlichen oder statutarischen Pflichten oder rechtmäßige Beschlüsse eines zuständigen Vereinsorgans verletzt (§ 24 Abs 1 S 1). Der Verein V erklärt nunmehr im Rahmen einer derartigen Haftungsfreistellungs- bzw Haftungsausschlussvereinbarung gegenüber den Organwaltern X und Y den ausdrücklichen Verzicht, diese bei einem eventuell beim Verein eintretenden Schaden durch eine Verletzung der gesetzlichen und statutarischen Pflichten oder rechtmäßiger Beschlüsse eines zuständigen Vereinsorgans seitens des Organwalters, schadenersatzrechtlich in Anspruch zu nehmen. Dieser ausdrückliche Verzicht des Vereins V bezieht sich nur auf das Innenverhältnis zwischen dem Verein V und den Organwaltern X und Y und entfaltet somit keine Außenwirkung gegenüber Dritten, nämlich Gläubigern des Vereins V (vgl § 26 S 1). Die rechtliche Zulässigkeit einer derartigen Vorausverzichtsvereinbarung des Vereins V ist problematisch. ME sind derartige Vereinbarungen zumindest für die Fallkonstellation des Ausschlusses der Haftung für leichte Fahrlässigkeit zulässig.

In diesem Zusammenhang stellt sich auch das Problem des Insichgeschäfts, da sich die Organwalter X und Y in einem Interessenskonflikt befinden, da diese mit dem Verein V, dessen Leitungsorgan sie selbst angehören, eine rechtsgeschäftliche Vereinbarung schließen. Die Bestimmung des § 6 Abs 4 besagt, dass im eigenen Namen oder für einen anderen geschlossene Rechtsgeschäfte eines Organwalters mit dem Verein (Insichgeschäft) der Zustimmung eines anderen, zur Vertretung bzw Geschäftsführung befugten Organwalters bedürfen. Eine derartige Haftungsausschlussvereinbarung zwischen dem Verein V und den Organwaltern X und Y ist also nur dann zulässig, soweit er einen Haftungsausschluss für leichte Fahrlässigkeit betrifft und auf Seiten des Vereins V zusätzlich zum Obmann O des Vereins V ein weiterer Organwalter des Vereins V der Vereinbarung zustimmt.

1.2.9 Beispiel 19 („undemokratische Verbandswahl")

Bei der erfolgten Wahl des neuen Präsidenten P des KFV handelt es sich um einen gesetz- bzw satzungswidrigen Beschluss der Mitgliederversammlung des KFV gemäß § 7 S 2. Gesetz- oder statutenwidrige Beschlüsse bleiben solange gültig, als sie nicht binnen eines Jahres ab Beschlussfassung gerichtlich angefochten werden (§ 7 S 2). Jedes von einem Beschluss eines Vereins betroffene Mitglied ist zur Anfechtung des Beschlusses berechtigt (§ 7 S 3). In concreto wurden bei der Wahl des neuen Präsidenten P des KFV Organisations- und Verfahrensgrundsätze verletzt, sodass der Beschluss der Mitgliederversammlung über die Neuwahl des Präsidenten P des KFV anfechtbar ist. Erst eine erfolgreiche Anfechtung des Beschlusses beseitigt den Beschluss, dh er fällt rückwirkend weg („ex-tunc-Wirkung").

Sämtliche Vereine des KFV, welche mit der Durchführung der Wahl des Präsidenten P des KFV nicht einverstanden waren, können somit gegen die Wahl des Präsidenten P innerhalb eines Jahres - bei sonstiger Heilung – eine gerichtliche Anfechtungsklage erheben (§ 7 S 2). In diesem Zusammenhang stellt sich weiters die Frage, ob vor der Erhebung der Anfechtungsklage die Schlichtungseinrichtung des KFV zwingend anzurufen ist. Grundsätzlich ist die Schlichtungseinrichtung gemäß § 8 Abs 1 S 1 stets einzuschalten. Nach § 40 Abs 1 S 1 Satzung des KFV ist für alle aus dem Verbandverhältnis resultierenden Streitigkeiten stets die Schlichtungsstelle des KFV anzurufen, es sei denn ein anderer Ausschuss des KFV ist zuständig. Nach Prüfung der Satzungen des KFV ergibt sich, dass sich für die Anfechtung von Wahlen des KFV kein Kompetenztatbestand eines anderen Ausschusses findet. In der Praxis wird die Anrufung der Schlichtungsstelle des KFV jedoch deswegen keine Rolle spielen, da bei einer Anfechtungsklage im

Zusammenhang mit einer Wahl die Chancen des Versuchs einer verbandsinternen Konfliktbereinigung mit Hilfe der Schlichtungseinrichtung mE sehr gering sind.

1.3 Beispiele aus dem Vierten Abschnitt

1.3.1 Beispiel 20 („von GKK geprüfter Verein")

Für Vereine gilt wie für alle juristsiche Personen das Trennungsprinzip. Für Verbindlichkeiten des Vereins haftet alleine der Verein mit seinem Vermögen (§ 23 S 1). Die Organwalter des Vereins haften somit grundsätzlich gegenüber Dritten nicht mit ihrem Privatvermögen (23 S 2). Die Bestimmung des § 23 S 2 schließt allerdings nicht aus, dass ausnahmsweise sehr wohl einzelne Organwalter eines Vereins eine persönliche Haftung treffen kann. Dies va dann, wenn solche Personen in Ausübung ihrer Funktionen im Verein gegenüber Dritten ein deliktisches Verhalten setzen. Ist dies der Fall, dann spricht man von einer „Durchgriffshaftung" für die Organwalter. Im gegenständlichen Fall trifft die Funktionäre des alten Vorstands des Vereins eine derartige Durchgriffshaftung. Diese Durchgriffshaftung tritt jedoch neben die Haftung des Vereins X als juristische Person. Für die alten Funktionäre des Vorstands des Vereins X gründet sich die Durchgriffshaftung insbesondere auf die Bestimmungen des § 9 Abs 1 iVm § 80 Abs 1 BAO sowie § 67 Abs 10 ASVG.

1.3.2 Beispiel 21 („geschädigter Spieler")

In concreto kommt die Durchgriffshaftung gegenüber den alten Funktionären des Vereins X, also dem Leitungsorgan in der Saison 2008/09, nicht zur Anwendung. Dies aus dem Grunde, als es sich bei der Entgeltvorenthaltung gegenüber einem Spieler um keinen speziellen gesetzlich normierten Tatbestand einer Organwalterhaftung handelt. Der Verein X haftet somit als juristische Person für die ausstehenden Entgelte gegenüber dem Spieler, sodass sowohl das Privatvermögen der Organwalter des alten Vorstands als auch des neuen Vorstands dem Zugriff des Gläubigers, nämlich des Spielers S, entzogen ist.

1.3.3 Beispiel 22 („geschädigte Zuschauerin")

Durch die Verletzung der Zuseherin Z an der körperlichen Integrität ist der Emotion Werbe- und Veranstaltungs-GmbH eine Verletzung der sie treffenden Verkehrssicherungspflichten anzulasten. Die Verkehrssicherungspflichten treffen denjenigen, der die entsprechenden Vorkehrungen treffen kann, dh entscheidend ist das Kriterium der Gefahrenbeherrschung. Im Einzelfall muss geprüft werden, wer die Gefahr hätte abwenden können. In concreto hätte die Emotion Werbe- und Veranstaltungs-GmbH als Mieter der Halle die Gefahr der mangelnden Absicherung der Eisfläche gegenüber dem Zuschauerraum erkennen müssen. Die Emotion Werbe- und Veranstaltungs-GmbH hat somit ihre Pflicht zur Erhaltung und Überwachung des Sicherheitsstandards der Eishalle vernachlässigt und eine Anpassung der Schutzvorrichtungen (des Plexiglasschutzes) an die Erfordernisse neuer Spieltechniken in fahrlässiger Weise unterlassen. Die Emotion Werbe- und Veranstaltungs-GmbH ist zugleich Mieter und Veranstalter. Als Veranstalter hat die Emotion Werbe- und Veranstaltungs-GmbH für eine Verletzung von Verkehrssicherungspflichten vertraglich zu haften, da die Zuseherin Z durch den Erwerb der Eintrittskarte mit der Emotion Werbe- und Veranstaltungs-GmbH als Veranstalter einen Werkvertrag bzw gemischten Vertrag, dh einen sog „Zuschauervertrag", abgeschlossen hat. Eine Verletzung der Verkehrssicherungspflichten liegt deswegen vor, da die seitliche Bande zur Zuschauertribüne hin nicht mit einer Plexiglasscheibe verkleidet war. Bei der Veranstaltung von Eishockeyspielen hätte die Emotion Werbe- und Veranstaltungs-GmbH damit rechnen müssen, dass fliegende Pucks oft die Eisfläche verlassen und

Richtung Zuschauertribüne fliegen (vgl OGH 20.3.1984, 5 Ob 533/84, EvBl 1984/81 = SZ 57/57 = ZVR 1985/164; OGH 21.06.2007, 6 Ob 106/07t, SpuRt 2008,107 [*Resch*] = immolex 2010,106 [*Lindinger*]).

1.3.4 Beispiel 23 („flitzender Fan")

ME ist es im Regressweg möglich, dass der Verein F die über ihn vom Senat 1 der ÖFBL (Straf- und Beglaubigungsausschuss) verhängte Vereinsstrafe in der Höhe von EUR 20.000,-- vom störenden Z zurückfordert. Diese Rechtsmeinung steht allerdings mit dem Tenor des Urteils des LGZ Wien 34 R 163/10 p vom 25. 11. 2011 (LGZ Wien 15. 11. 2011, 34 R 163/10 p, ZVR 2012/107, 203 [*Kathrein*]) in Widerspruch. Im Rahmen dieser Entscheidung des LGZ Wien wird nämlich die Möglichkeit der Erhebung einer Regressforderung eines mit einer Verbandsstrafe belegten Vereins gegenüber einem störenden Zuseher verneint. Im Wesentlichen stützt sich das LGZ Wien im Rahmen seiner Argumentation auf die Tatsache, dass eine Disziplinarstrafe nicht auf einen Dritten überwälzt werden kann. Eine derartige Vereinbarung würde nämlich gegen die Gute-Sitten-Klausel des § 879 ABGB verstoßen. Weiters vertritt das LGZ Wien die Rechtsauffassung, dass der Ersatz der Verbandsstrafe nicht vom Rechtswidrigkeitszusammenhang des Zuschauervertrages umfasst sei. ME existiert in diesem Bereich – entgegen der Rechtsauffassung des LGZ Wien – kein Überwälzungsverbot, da in concreto im Vorhinein zwischen dem Täter und dem Dritten gar keine Vereinbarung, welche gegen die guten Sitten gemäß § 879 ABGB verstoßen könnte, vorliegt. ME ist der Ersatz der Verbandsstrafe auch vom Rechtswidrigkeitszusammenhang des Zusehervertrages erfasst, sodass in casu mE der Verein F die über ihn verhängte Disziplinarstrafe in der Höhe von EUR 10.000.– vom störenden Zuseher Z im Regresswege zurückfordern kann.

1.3.5 Beispiel 24 („schlechter Schiedsrichtersassistent")

Die im Rahmen der Meisterschaftsspiele der ÖFBL eingesetzten Schiedsrichter stehen nur mit dem ÖFB in einem Vertragsverhältnis. Zwischen dem Schiedsrichter und dem ÖFB wird ein Lizenzvertrag und ein Dienstvertrag geschlossen, dh zwischen dem jeweiligen Schiedsrichter und dem ÖFB besteht ein Dauerschuldverhältnis, welches als Dienstvertrag gemäß §§ 1151 ff ABGB mit Geschäftsbesorgungscharakter nach § 1002 leg cit ausgestaltet ist. Die Schiedsrichter bzw deren Assistenten werden dabei als Erfüllungsgehilfen gemäß § 1313a leg cit für den ÖFB tätig. Der Schiedsrichter wird dabei von seinem Geschäftsherrn, dem ÖFB, zur Erfüllung eines Schuldverhältnisses gegenüber der ÖFBL, nämlich die ordnungsgemäße Spielleitung sämtlicher Meisterschaftsspiele der ÖFBL, eingesetzt. Interne Rechtsgrundlage für das Rechtsverhältnis zwischen dem Schiedsrichter und dem ÖFB für die Bewerbe der ÖFBL ist die Schiedsrichterordnung des ÖFB. Diese regelt das Schiedsrichterwesen für die Bewerbe der ÖFBL sowie die Rechte und Pflichten des Schiedsrichter und der Assistenten.

Da zwischen dem Schiedsrichter und dem jeweiligen Verein bzw der Kapitalgesellschaft, in welche die Profispielerabteilung ausgegliedert sein könnte, kein direktes Vertragsverhältnis besteht, ist zu prüfen, ob der zwischen dem ÖFB und dem Schiedsrichter abgeschlossene Vertrag (Dienstvertrag mit Geschäftsbesorgungscharakter) Schutzwirkungen zugunsten eines geschädigten Vereins der ÖFBL entfalten kann. Ein Schuldverhältnis mit Schutzwirkungen für Dritte liegt dann vor, wenn eine Vertragspartei gegenüber einem am Schuldverhältnis nicht beteiligten Dritten eine „Fürsorgepflicht" trifft oder wenn sie auf die Sicherheit des Dritten ebensolchen Wert legt wie auf ihre eigene. In einem solchen Fall bestehen somit Schutz- und Sorgfaltspflichten nicht nur zwischen den Vertragsparteien, sondern auch gegenüber bestimmten dritten Personen, denen zwar aus dem Vertrag keine unmittelbare Berechtigung erwächst, die aber der vertraglichen Leistung so nahe stehen, dass dem Dritten die Geltendmachung eines eigenen

Schadens aus einem fremden Vertrag ermöglicht wird. Für das Vorliegen eines Vertrags mit Schutzwirkung zugunsten Dritter obliegt dem geschädigten Dritten, nämlich einem Verein der ÖFBL, der Beweis für die Tatbestandsvoraussetzungen. Wesentliche Voraussetzung für eine Haftung ist, dass für den möglicherweise haftenden Schiedsrichter der Kontakt mit der vertraglichen Hauptleistung (ordnungsgemäße Spielleitung der Meisterschaftsspiele der ÖFBL durch den ÖFB gegenüber den Vereinen der ÖFBL) bereits bei Vertragsabschluss vorhersehbar gewesen sein muss. Diese Vorhersehbarkeit darf allerdings nicht zu eng verstanden werden Die Vereine der ÖFBL kommen im Rahmen des Ligabetriebes mit den Leistungen der Schiedsrichter in Berührung, sie gelten also grundsätzlich vom Schutzbereich erfasst. Die Schutzpflichten sind weiters der Interessensphäre des ÖFB zuzurechnen, da dieser als für das Schiedsrichterwesen zuständige Verband großes Interesse an fehlerfreien Schiedsrichterleistungen hat, damit ein geordneter und fairer Ligawettbewerb gewährleistet ist. Die Vorhersehbarkeit des Kontakts mit der Hauptleistung durch möglicherweise auftretende Fehlentscheidungen ist bereits ab dem Zeitpunkt der Besetzung durch den jeweiligen Besetzungsreferenten seitens des ÖFB für den Schiedsrichter bzw die Assistenten gegeben, sodass das Tatbestandsmerkmal der Vorhersehbarkeit als erfüllt gilt.

Zu beachten ist allerdings, dass eine Anspruchsbegründung über die Rechtsfigur des Vertrags mit Schutzwirkung zugunsten Dritter dann nicht möglich ist, wenn dem Dritten gegenüber einem der beiden Vertragspartner Ansprüche aus einem von ihm selbst geschlossen Vertrag zustehen. Sollte also dem betroffenen Verein der ÖFBL ein eigener vertraglicher Schadenersatzanspruch gegen den ÖFB oder gegen den Schiedsrichter zustehen, so scheidet eine Anwendung der Grundsätze des Vertrags mit Schutzwirkung zugunsten Dritter aus. Wie schon erwähnt steht der geschädigte Bundesligaverein aber weder mit dem ÖFB noch mit dem Schiedsrichter in einem Vertragsverhältnis. Die vereinsrechtliche Konstruktion des nur indirekten Mitgliedschaftsverhältnisses des Vereins zum ÖFB kann mE keineswegs die Annahme einer Sonderrechtsbeziehung rechtfertigen, aufgrund derer eine Haftung des ÖFB (gegenüber den Vereinen) für die Schiedsrichter als seine Erfüllungsgehilfen nach § 1313a leg cit greifen würde. Somit kommt mE dem durch eine Fehlentscheidung geschädigten Verein der ÖFBL Vertrag zwischen dem ÖFB und dem Schiedsrichter bzw deren Assistenten als Vertrag mit Schutzwirkung zugunsten Dritter zugute. Bei einem Vertrag mit Schutzwirkung zugunsten Dritter ist eine Ausnahme von der allgemeinen Regel, dass bloße Vermögensschäden außerhalb einer Sonderrechtsbeziehung nicht zu ersetzen sind, gerechtfertigt. Im Rahmen eines Schadenersatzprozesses des geschädigten Vereins gegen den Schiedsrichter vor einem ordentlichen Gericht muss der Verein der ÖFBL substantiiert den durch die Fehlentscheidung eingetretenen Schaden nachweisen. Der Nachweis, dass man aufgrund der Fehlentscheidung des Schiedsrichters den Siegestreffer nicht mehr erzielt habe und deshalb einen Tabellenrang, der für die Teilnahme an der Europa-League oder Champions-League notwendig wäre, nicht erreicht zu haben, ist für den Nachweis eines Schadens nicht ausreichend. Vielmehr ist seitens des geschädigten Vereins der ÖFBL eine konkrete Schadensbezifferung unabdingbare Voraussetzung für einen Erfolg in der Sache.

Ein Problem könnte in diesem Zusammenhang auch die überholende Kausalität darstellen. Die konkrete Fehlentscheidung des Schiedsrichters bzw seines Assistenten hat einen Schaden herbeigeführt, den später auch ein anderes Ereignis, nämlich das eigene Unvermögen des geschädigten Vereines, das sportliche Ziel zu erreichen, ebenfalls verursacht hätte. Im Rahmen der Geltendmachung von Schadenersatzansprüchen spielt va das Zurechnungskriterium des Rechtswidrigkeitszusammenhanges eine wichtige Rolle. In diesem Zusammenhang ist die Frage zu prüfen, ob durch die verletzte Norm, nämlich die konkreten Pflichten aus dem Schiedsrichtervertrag zwischen dem ÖFB und dem Schiedsrichter, gerade auch die vom geschädigten Verein der ÖFBL geltend gemachte Schäden vermieden werden sollten. In der Bestimmung des § 13 Schiedsrichterordnung des ÖFB findet sich eine allgemeine Aufzählung der Rechte und Pflichten der Schiedsrichter. § 13 Abs 1 leg cit verpflichtet die Schiedsrichter und ihre Assistenten zur Unterlassung von Maßnahmen, die geeignet sind, die Unparteilichkeit der Schiedsrichter zu bezweifeln.

Aus dieser Bestimmung kann mE der Schluss gezogen werden, dass den Schiedsrichter auch vermögensrechtliche Schutzpflichten gegenüber den am Spiel beteiligten Vereinen treffen. Schließlich ist das Zurechnungskriterium des Verschuldens des Schiedsrichters zu prüfen. Eine Einschränkung der Haftung sowohl für fahrlässiges positives Tun als auch für fahrlässiges Unterlassen des Schiedsrichters aufgrund der Sporttypizität ist mE nicht gerechtfertigt. Dadurch, dass der Schiedsrichter als Sachverständiger iSd § 1299 ABGB gilt und es somit im Vergleich zum allgemeinen Sorgfaltsmaßstab des § 1297 leg cit zu einer Anhebung des Sorfgaltsmaßstabs kommt, ist ein haftungsrechtlicher Freibrief des Schiedsrichters bei Fahrlässigkeit aufgrund der Sporttypizität abzulehnen. In diesem Zusammenhang ist allerdings auch der dem Schiedsrichter im Rahmen der Auslegung der Spielregeln der FIFA eingeräumte Handlungsspielraum bzw das Ausüben von Ermessen zu berücksichtigen.

Die zivilrechtliche Inanspruchnahme des Schiedsrichters oder Schiedsrichterassistenten auf der Rechtsgrundlage des Vertrages mit Schutzwirkung zugunsten Dritter ist mE sowohl aus rechtlicher als auch aus praktischer Sicht ein geeignetes Korrektiv zum Primat der Unanfechtbarkeit der Tatsachenentscheidung des Schiedsrichters. Geht man davon aus, dass dem geschädigten Verein der ÖFBL kein vertraglicher Schadenersatzanspruch gegenüber dem ÖFB zusteht, so ist diese Haftungskonstruktion über den Vertrag mit Schutzwirkung zugunsten Dritter – bei Erfüllung der weiteren Voraussetzungen für einen Ersatzanspruch – auch in Bezug auf Vermögensschäden des Vereins der ÖFBL erfolgversprechend. Dass durch eine Fehlentscheidung des Schiedsrichters dem Verein durch das Nichterreichen eines bestimmten sportlichen Zieles, das mit finanziellen Vorteilen verbunden ist, ein Vermögensschaden entstehen kann, ist dem Grunde nach wohl unstrittig.

In concreto hätte der FC R, der durch eine Fehlentscheidung des Assistenten und die dadurch bedingte Nichterringung des Meistertitels der tipp3-BL die Teilnahme an der UEFA Champions-League „verpasst" hatte, im Rahmen eines Gerichtsverfahrens die Startgelder der UEFA für die Teilnahme an der UEFA Champions-League als Vermögensschaden geltend machen müssen, da diese Gelder nach dem hypothetischen Kausalverlauf (hätte es die Fehlentscheidung nicht gegeben) dem Verein zugeflossen wären Die Anzeige von „Abseits" durch den Assistenten und somit die Aberkennung des Tores, das zum Endstand von 0:1 für den FK A führte, hätte zu dem Vermögensschaden des FC R geführt, wenn der FC R dadurch die Meisterschaft der tipp3-BL „verloren" hätte. Diese mögliche Fehlentscheidung des Schiedsrichters oder seines Assistenten stellte somit die reale Ursache dar. Aufgrund des Nichteintritts der hypothetischen Ursache auf Seiten des FC R wäre ein mögliches Fehlverhalten des Assistenten somit auch als kausal für den Schadenseintritt zu werten, sodass auch das Tatbestandsmerkmal der Kausalität als erfüllt gilt. Problematisch ist allerdings der Beweis der haftungserfüllenden Kausalität durch den geschädigten Verein FC R . Dieser hätte nämlich den Beweis zu erbringen, dass der Vermögensschaden kausal auf einer Pflichtverletzung des Schiedsrichters oder eines Assistenten beruht. Das Fehlverhalten des Assistenten würde insbesondere dann als fahrlässig einzustufen sein, wenn er von seinem ihm im Rahmen der Auslegung der Spielregeln erteilten Ermessen nachteiligen Gebrauch machte, dh sein regeltechnisches Ermessen insoferne überschreitet, als eine Spielregel von ihm in denkunmöglicher Weise ausgelegt worden ist. Nicht sachgerecht wäre es allerdings, den Schiedsrichter bzw Assistenten generell aufgrund von „Sporttypizität" vor einer Haftung für fahrlässiges Verhalten zu schützen. Eine deliktische Eigenhaftung des Schiedsrichters bzw seiner Assistenten gegenüber dem geschädigten Verein scheidet aus rechtlichen Gesichtspunkten zur Gänze aus.

1.3.6 Beispiel 25 („fusionvereitelnder Verein")

Der Obman O des Vereins SV F wird mit seiner Feststellungsklage gegen den Verein SV L erfolgreich sein. Gemäß § 228 ZPO kann auf Feststellung des Bestehens oder Nichtbestehens eines Rechtsverhältnisses oder Rechts, auf Anerkennung der Echtheit der Urkunde oder Feststellung der Unechtheit geklagt werden, wenn der Kl ein rechtliches Interesse nachweisen kann, dass das Rechtsverhältnis oder Recht des Kl durch eine gerichtliche Entscheidung festgestellt werden kann. Das rechtliche Interesse des Obmanns O des Vereins SV F als Kl liegt darin, dass von einem ordentlichen Gericht festgestellt wird, dass dieser durch den Abschluss der Grundsatzvereinbarung vom 12.10.2001 in den Besitz der Transferrechte über die Spieler des Vereins SV L gelangte. In merito ist auszuführen, dass es sich bei der Vorgangsweise des Vereins SV L, nämlich des bewußten Vereitelns des Zustandekommens einer Fusion mit dem Verein SV V, um eine sittenwidrige bzw schikanöse Rechtsausübung iSd § 1295 Abs 2 ABGB handelt. Im Rahmen der sittenwidrigen Schädigung wiegt der Handlungsunwert besonders schwer, sodass bereits bedingter Vorsatz ausreicht. Der Handlungsunwert des Vereins SV L liegt insbesondere darin, dass er die Verschmelzung mit dem Verein SV F deswegen vereitelte, um weiterhin über die Transferrechte an den eigenen Spielern zu verfügen. Durch die Fusion wären die Transferrechte jedoch aufgrund der Grundsatzvereinbarung vom 12.10.2001 auf den Obmann O des Vereins SV F übergegangen.

1.4 Beispiel aus dem Fünften Abschnitt

1.4.1 Beispiel 26 („in Insolvenz geratener Traditionsverein")

Die Verhängung von Disziplinarstrafen seitens eines Sportverbands wird nicht durch Insolvenzrecht verdrängt, sodass der Punkteabzug der ÖFBL gegenüber dem GAK im Stadium der Insolvenz des GAK völlig zu Recht erfolgte. Entgegen gewissen Tendenzen in der Rsp, dass das Insolvenzrecht allgemeines Zivilrecht verdrängen würde, kann dem Insolvenzrecht kein tendenzieller Verdränungscharakter beigemessen werden. Das Insolvenzrecht sowie das allgemeine Zivilrecht stehen nämlich zueinander in einem Verhältnis der Gleichrangigkeit. Aus diesen Gründen ergibt sich somit, dass Insolvenzrecht auch Sportverbandsrecht keineswegs „brechen" kann, außer das Insolvenzrecht trifft eine gesetzliche Anordnung, dass durch dessen Anwendung andere Rechtsbereiche eine Verdrängung erfahren.

Der Punkteabzug der ÖFBL stellt ein Gestaltungsrecht dar, denn die ÖFBL verfügt über die Macht, eine Rechtsfolge durch eine eine einseitige Willenserklärung herbeizuführen, ohne dass sie dabei auf die Mitwirkung seitens des von der Sanktion betroffenen Vereins angewiesen ist. Gestaltungsrechte wie der Punkteabzug werden somit durch die Eröffnung eines Insolvenzverfahrens über einen Verein in ihrem Inhalt nicht verändert. Aus diesem Grunde ist der Punkteabzug der ÖFBL gegenüber dem Fußballverein GAK keine Insolvenzforderung, die seitens der ÖFBL aufgrund der Umwandlungsvorschrift des § 14 Abs 1 IO im Rahmen des Insolvenzverfahrens anzumelden gewesen wäre. Gestaltungsrechte, wie in concreto der Punkteabzug, können nie Insolvenzforderungen darstellen, weil sie selbst nicht Ansprüche sind, sondern nur weitere Ansprüche auslösen.

1.5 Beispiele aus dem Sechsten Abschnitt

1.5.1 Beispiel 27 („manipulierender Vereinsmanager")

Zu denken wäre in diesem Zusammenhang an die Erfüllung des Straftatbestands des § 153 StGB durch den Klubmanager M des Vereins N (für das dt Recht vgl BGH 27.2.1975, 4 StR 571/74, NJW 1975,

1234). Bestechungsgelder stellen eine nicht notwendige Ausgabe des Vereins dar, die die Vereinskasse unnötig belastet. Vereinsfunktionäre trifft jedoch eine Vermögensbetreuungspflicht und deswegen haben sie die Bildung „schwarzer Kassen" für Bestechungsgelder ebenso zu unterlassen wie andere unnötige Ausgaben für den Verein. Die Erfüllung des Straftatbestandes des § 153 leg cit ist jedoch deshalb zu verneinen, da es an einem konkreten Vermögensschaden mangelt, wenn der erkaufte „Nichtabstieg" wirtschaftlich wertvoller ist als die Höhe des Geldbetrags für die Bestechung.

Aus verbandsstrafrechtlicher Sicht ist das Verhalten des Managers M des Vereins N unter die Strafbestimmung der Bestechung gemäß § 113 ÖFB-RPO zu subsumieren. Die Bestimmung des § 113 Abs 1 leg cit legt fest, dass eine Person, die einem Offiziellen des ÖFB, eines Verbands, oder eines Vereins, einem Spieloffiziellen oder einem Spieler einen unrechtmäßigen Vorteil für ihn oder einen Dritten anbietet, verspricht oder gewährt, damit die bestochene Person das Regelwerk verletzt, mit folgenden Sanktionen zu bestrafen ist: Sperre für 8 bis 72 Pflichtspiele (lit a), Funktionssperre für 6 Monate bis zu 3 Jahren (lit b), Geldstrafe von EUR 500,-- bis EUR 15.000,-- (lit c), Wettbewerbsausschluss (lit d), Abzug von Punkten (lit e), Zwangsabstieg (lit f), Stadionverbot (lit g) oder Ausschluss aus dem Verband (lit h). Der Manager M des Vereins N wäre somit wegen des vollendeten Straftatbestands der aktiven Bestechung des Torwarts T des Vereins V nach § 113 Abs 1 leg cit zu bestrafen gewesen.

1.5.2 Beispiel 28 („mit Verwaltungsstrafe bedrohter Verein")

Die Einleitung eines Verwaltungsstrafverfahrens gegen den säumigen Obmann O des Vereins V ist zulässig. Das Unterlassen der Bekanntgabe der wesentlichen Daten der Organwalter des Vereins ist nämlich unter den Verwaltungsstraftatbestand des § 31 Z 4 lit b zu subsumieren. Dabei tritt die BH als Verwaltungsstrafbehörde erster Instanz auf. Über den Obmann O des Vereins V kann in concreto eine Verwaltungsstrafe bis zu EUR 218,- im Wiederholungsfalle eine Geldstrafe bis zu EUR 726,--, verhängt werden.

1.5.3 Beispiel 29 („stürmende Fans")

Das Spiel der Relegation zur „Heute für Morgen" Ersten Liga ist mit 3:0 und somit drei Punkten für den TSV Hartberg strafzuverifizieren. Aus sportrechtlicher Sicht ist der Spielabbruch unter die Bestimmungen des § 107 ÖFB-RPO iVm § 30 Meisterschaftsregeln des ÖFB zu subsumieren. § 107 Abs 1 S 1 leg cit legt fest, dass ein Spiel mit 3:0 zu Lasten desjenigen Vereins, auf Grund dessen Verschulden das Spiel abgebrochen werden musste, strafzuverifizieren ist. Trifft beide Vereine ein Verschulden an einem vorzeitigen Spielabbruch, so wird das Spiel mit 0:0 strafverifiziert (§ 107 Abs 1 S 2 leg cit). Eine Strafverifizierung gemäß § 107 Abs 1 leg cit setzt somit ein schuldhaftes Herbeiführen des Spielabbruchs voraus. Das Verhalten der Anhänger des GAK, welche bei Spielstand von 3:0 für den TSV Hartberg das Spielfeld stürmten, sodass der Schiedsrichter in weiterer Folge das Spiel abbrechen musste, ist dem GAK zuzurechnen, sodass das Spiel mit 3:0 und drei Punkten für den TSV Hartberg strafzuverifizieren war. Den GAK trifft somit das alleinige Verschulden am Spielabbruch, sodass die Bestimmung des § 107 Abs 1 S 1 leg cit anzuwenden war. Zusätzlich wurde gegen den GAK auch ein Verbandsstrafverfahren eingeleitet, anlässlich welchen über den GAK weitere Disziplinarstrafen, nämlich die Austragung von zwei „Geisterspielen" sowie eine Geldstrafe in der Höhe von EUR 20.000,--, verhängt wurden.

1.5.4 Beispiel 30 („lachender drittplatzierter Meister")

Seit 1.1.2006 gilt das VbVG, durch welches eine kriminalstrafrechtliche Verantwortlichkeit von Verbänden festgelegt wurde. Verbände gemäß § 1 Abs 2 VbVG gelten als juristische Personen. Vom Anwendungsbereich des VbVG sind alle juristischen Personen erfasst, dh sowohl solche des Privatrechts als auch solche des öffentlichen Rechts. Vereine iSd VerG 2002 gelten somit auch als Verbände iSd VbVG. Der SV St Lorenzen unterliegt somit dem VbVG. Sowohl Spieler des SV St Lorenzen als auch des TUS St Stefan hätten in Absprachen involviert sein können. Denkbar wäre es auch gewesen, dass die verantwortlichen Funktionäre des SV St Lorenzen mit den Spielern des TUS St Stefan in kollusiver Weise zusammengewirkt haben. Sollte es im Rahmen einer Spielmanipulation zu Geldflüssen gekommen sein, wäre va der Straftatbestand des § 146 StGB zu prüfen. Ein Betrug iSd § 146 leg cit liegt dann vor, wenn der Betrüger eine unrechtmäßige Bereicherung für sich oder einen Dritten erlangen will und zur Erreichung dieses Ziels einen anderen über Tatsachen täuscht. Durch diese Täuschung entsteht dann beim Getäuschten ein Irrtum, in dem sich der Getäuschte zu einer Handlung, Duldung oder Unterlassung verleiten lässt, welche schließlich ihn selbst oder einen Dritten am Vermögen schädigt. Obwohl zwar in concreto eine Täuschung des StFV durch den SV St Lorenzen erfolgte, kann ein Betrug zum Nachteil des StFV jedoch für die Funktionäre des SV St Lorenzen bzw den Verein selbst nicht konstruiert werden. Unter der Täuschung versteht man die Vorspiegelung falscher oder Unterdrückung richtiger Tatsachen. Die Täuschung des SV St Lorenzen gegenüber dem StFV liegt in der konkludenten Erklärung des SV St Lorenzen, sich im Rahmen des Meisterschaftsspiels gegen TUS SV St Lorenzen entsprechend den Regeln des Fairplays und der Sportlichkeit zu verhalten. Aufgrund dieser Täuschung gegenüber dem StFV kommt es jedoch weder bei diesem noch bei einem Dritten zu einer Vermögensschädigung, sodass die Strafbarkeit des SV St Lorenzen wegen Betrugs gemäß § 146 leg cit ausscheidet.

1.6 Beispiele aus dem Siebenten Abschnitt

1.6.1 Beispiel 31 („entlassener Fußballspieler")

Nach der stRsp des OGH ist vor der Ausschöpfung des in den Statuten des Verbands vorgesehenen verbandsinternen Instanzenzugs die Anrufung eines ordentlichen Gerichts nicht zulässig, dh die Judikatur beharrt auf der Ausschöpfung des vereinsinternen Instanzenzuges. Nur bei Vorliegen besonderer Ausnahmefälle, die im Einzelfall die Anrufung des Vereins-/Verbandsgerichts unzumutbar machen, können ordentliche Gerichte angerufen werden, ohne vorher den vereins-/verbandsinternen Instanzenzug ausgeschöpft zu haben. Dies ergibt sich insbesondere auch aus der Bestimmung des § 8 Abs 1 S 1, wonach die Statuten eines Vereins (Verbands) vorzusehen haben, dass Streitigkeiten aus dem Vereins (Verbands-)verhältnis vor einer Schlichtungseinrichtung des Vereins/Verbands auszutragen sind. § 128 ÖFB-RPO legt fest, dass über denjenigen, der eine Anordnung des ÖFB oder eines Verbands nicht befolgt, eine Ermahnung, eine Sperre von einem bis zu sechs Pflichtspielen, eine Funktionssperre von einem bis sechs Monate und/oder einer Geldstrafe von EUR 50,-- bis EUR 2.000,-- verhängt werden kann. Da der Fußballspieler A somit insoferne gegen die Statuten des Verbands B verstossen hatte, als er vor Anrufung des Kontroll-, Melde- und Finanzausschusses K des Landesverbandes B eine Klage beim ASG einbrachte, ist die Verhängung einer Pflichtspielsperre durch den Strafausschuss S des Verbands B somit zulässig.

1.6.2 Beispiel 32 („gesperrter Fußballspieler")

Die formelle als auch materielle Überprüfung einer Verbandsstrafe durch ein ordentliches Gericht ist zulässig. Soweit ein Verband Entscheidungen und Verfügungen trifft, die in die Rechtsstellung seiner Mitglieder eingreifen, erfolgt dies im Rahmen des zwischen dem Verein und seinen Mitgliedern begründeten Privatrechtsverhältnisses. Derartige Entscheidungen des Verbands unterliegen daher der Überprüfung durch die ordentlichen Gerichte. Diese prüfen also, ob die Entscheidungen in formeller und materieller Hinsicht den Statuten und den allgemeinen Vorschriften zwingenden Rechts entsprechen. Aus diesen Gründen war das BG X als ordentliches Gericht somit auch befugt, zu überprüfen, ob die Verhängung per se sowie die Höhe der unbedingten Sperre für drei Pflichtspiele, welche vom Strafausschusses des Landesverbands V gegenüber dem Spieler S ausgesprochen wurde, überhaupt den Statuten des Verbands V entspricht.

STICHWORTVERZEICHNIS